本著作获西安财经大学学术著作出版资助

U0735574

Tuigenghuanlin Gongcheng
Buchang Jili yu Biaozhun Yanjiu

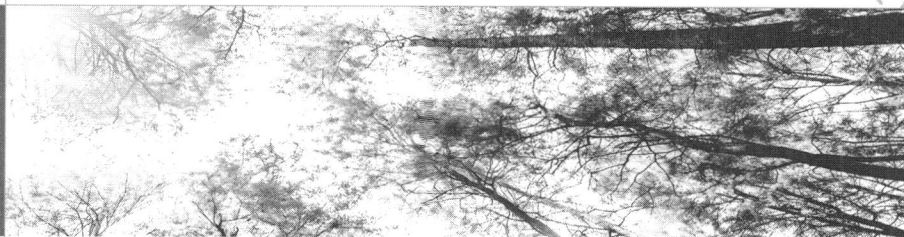

退耕还林工程
补偿机理与标准研究

王恒博 / 著

中国财经出版传媒集团
经济科学出版社
Economic Science Press

图书在版编目（CIP）数据

退耕还林工程补偿机理与标准研究／王恒博著．
—北京：经济科学出版社，2021.4
ISBN 978 - 7 - 5218 - 2305 - 9

Ⅰ.①退… Ⅱ.①王… Ⅲ.①退耕还林 - 补偿 -
经济机制 - 研究 - 中国 Ⅳ.①F326.2

中国版本图书馆 CIP 数据核字（2021）第 013861 号

责任编辑：周胜婷
责任校对：李　建
责任印制：王世伟

退耕还林工程补偿机理与标准研究
王恒博　著
经济科学出版社出版、发行　新华书店经销
社址：北京市海淀区阜成路甲 28 号　邮编：100142
总编部电话：010 - 88191217　发行部电话：010 - 88191522
网址：www. esp. com. cn
电子邮箱：esp@ esp. com. cn
天猫网店：经济科学出版社旗舰店
网址：http://jjkxcbs. tmall. com
北京季蜂印刷有限公司印装
710×1000　16 开　12 印张　200000 字
2021 年 6 月第 1 版　2021 年 6 月第 1 次印刷
ISBN 978 - 7 - 5218 - 2305 - 9　定价：68.00 元
（图书出现印装问题，本社负责调换。电话：010 - 88191510）
（版权所有　侵权必究　打击盗版　举报热线：010 - 88191661
QQ：2242791300　营销中心电话：010 - 88191537
电子邮箱：dbts@ esp. com. cn）

序

近年来，生态环境日益恶化，已经成为不容忽视的问题。针对环境变化，世界各国采取了积极的应对措施，中国为了遏制生态环境的恶化启动了退耕还林工程、天然林保护工程等16项重大生态修复工程，其中退耕还林工程因政策性强、投资量大、涉及面广、参与度高而成为迄今为止世界上最大的生态修复工程。退耕还林工程的开展必须依靠广大农户的积极参与，才能实现预期目标。如何调动农户的积极性则考验国家的制度设计和政策执行力，而生态补偿是世界各国普遍采用且行之有效的重要方法。但学界对退耕还林工程补偿标准尚未形成统一、系统的分析方法，由于视角各异、目标不一、方法多样，使得其差异明显，导致其补偿标准制定存在过高或过低的现象。因此，基于供需均衡视角制定退耕还林工程补偿标准，已成为研究退耕还林工程补偿政策的关键科学问题，对推进生态修复工程的深入开展具有较大的理论意义和实践价值。

本书基于供需均衡理论，从农户个体参与退耕还林工程决策机理出发，通过结果导向法绘制农户群体退耕还林工程的林地供给曲线；构建以价值量（资金）为单位的生态足迹—服务价值法的生态承载力分析框架，反推政府对退耕还林工程的林地需求量；将农户群体的退耕林地供给曲线与政府的退耕林地需求量相结合，确定基于供需均衡视角下的退耕还林工程补偿标准。全书的主要内容安排如下：

第1章简要说明本书的研究背景、研究目的和意义、国内外研究动态、研究思路、研究方法、技术路线、研究区域及数据来源、可能的创新之处及研究架构。

第2章阐述退耕还林工程补偿标准的理论基础。首先对退耕还林工程、退耕农户、生态承载力、生态服务价值、生态足迹价值等概念进行界定，明确研究的范围；其次，结合供需均衡理论、公共物品理论、外部性理论、地租理论、资源禀赋理论等，对退耕还林工程的本质进行分析；之后，从供给侧分析农户个体的林地供给决策机理和农户群体的林地供给曲线，从需求侧分析政府的林地需求量及市场势力对价格的影响；最终，形成退耕还林工程补偿标准的理论框架。

第3章分析退耕还林工程补偿的历程、现状与面临的问题。首先回顾国外生态修复工程补偿的探索发展历程，并对美国、哥斯达黎加、墨西哥和厄瓜多尔等典型生态修复工程补偿的国家和地区进行分析；之后对国内实施的16项世界级重点生态修复工程的补偿标准进行探讨；然后着重阐述退耕还林工程的发展历程和补偿标准现状，提出我国退耕还林工程补偿标准存在退耕扩大与复耕抬头并存、补偿标准统一化与区域异质性矛盾以及补偿标准政府制定与市场化运作差距等问题。

第4章从农户个体视角，探讨农户个体参与退耕还林工程的决策机理。本章基于比较优势理论构建了农户参与退耕还林工程的驱动机理分析框架及模型，推导出提升农户参与退耕还林工程的三条路径：提高林地的相对补贴标准、降低林地的相对成本和提高林地的相对收入。

第5章从农户群体出发，研究农户群体参与退耕还林工程的林地供给曲线。通过理论分析得到农户群体退耕林地供给可能性曲线，之后通过林地占农地面积比例变化检验农户群体退耕林地供给可能性曲线，然后实证分析退耕还林工程政策对耕地数量的影响。

第6章构建以价值量（资金）为单位的生态足迹—服务价值法的生态承载力分析框架，分析生态承载力空间分布特征、演化路径及其原因。针对生态承载力研究缺乏生态学理论支撑、区县尺度时空动态演化以及评价标准客观通用性不足的现状，通过构建以价值量（资金）为单位的生态足迹—服务价值法的生态承载力分析框架，选取陕西省97个区县2000~2015年的四期数据，从全局和局部两个空间层面，深入探索陕西省生态承载力指数在空间上的分布特征及演化路径。

第 7 章通过生态承载力指数反推生态服务价值的需求量，结合第 5 章退耕还林工程的林地供给曲线，确定基于供需均衡视角下的退耕还林工程补偿标准。依据以价值量（资金）为单位的生态足迹—服务价值法的生态承载力分析框架，通过生态承载力指数反推生态服务价值的需求量，进而得出政府对退耕还林工程的林地需求量，结合退耕还林工程的林地供给曲线，确定基于供需均衡视角下的退耕还林工程补偿标准，并探讨了生态修复合理增长下的退耕还林工程的补偿标准。

第 8 章总结了本书得到的研究结果，并给出相应的政策建议，以供决策者参考，最后对未来的研究进行了展望。

基于供需均衡视角的陕西省退耕还林工程补偿标准研究作为一种新的研究退耕还林工程补偿标准的视角，在研究中必须充分考虑供给和需求两个方面，通过系统分析和科学量化确定补偿标准。本书的可能创新点有以下四个方面：

第一，在理论研究方面，通过分析农户参与退耕还林工程的决策机理，得到了农户个体、群体的林地供给短期和长期曲线；通过分析政府需求对林地价格的影响，得出了政府在既定需求目标下，对退耕还林工程补偿标准的支付意愿，在此基础上确立了基于供需均衡的退耕还林工程补偿标准的理论基础，本书为退耕还林工程补偿机理与标准研究提供了一种新的思路。

第二，在供给方面，从农户个体与农户群体两个层面分析了退耕还林工程林地的决策与供给机理。从农户个体角度，分析其参与退耕还林工程的决策机理；从农户群体角度，得到各区域退耕还林工程的供给曲线，本书对退耕还林工程供给方面的研究做了较为深入的分析。

第三，在需求方面，以生态承载力理论为基础，采用生态足迹—服务价值法反推区域退耕还林工程的林地需求量及需求曲线，本书为退耕还林工程需求研究提供了一种新的方法。

第四，在研究结果方面，不仅计算出当期的退耕还林工程补偿标准，而且结合生态修复合理增长目标，计算出改善生态承载力的退耕还林工程的补偿标准，本书提出了较为客观的各区域退耕还林工程补偿标准及政策建议。

最后，我想对为此书出版提供帮助与支持的师长、朋友和家人表示诚挚的谢意。本书的研究思路和框架形成于西北农林科技大学，最终在西安财经大学完成。衷心感谢西北农林科技大学姚顺波教授团队的指导，西安财经大学经济学院的支持，非常感谢张道军、丁振民、侯孟阳、程杰贤、牛晓冬、陈少炜、周晶、邓锴等同学和朋友的帮助，十分感激家人的默默付出。感谢经济科学出版社对出版本书的积极态度和编校人员的辛勤工作。当然，本书仅是我研究过程中的一些思考和探索，还可能有不成熟、不完善或错漏之处，恳请专家学者批评指正并包涵。

本书系国家社会科学基金一般项目"西部生态脆弱区生态环境与社会经济发展结构性耦合及提升路径研究"、西安财经大学学术著作出版资助的阶段性成果。

王恒博

2021 年 5 月 8 日

目　　录

第1章 导　　论

1.1　研究背景

近年来，生态环境日益恶化，已经成为不容忽视的问题。全球范围的温室效应和极端天气，美国的沙尘暴和强台风袭击，欧洲多国的暴雨成灾，俄罗斯的六月飞雪，中国的土地荒漠化和挥之不去的雾霾天气等，世界范围的环境问题严重影响着各国人民的身心健康。这些环境问题的持续出现和频繁暴发，逼迫着世界各国在发展经济的同时，必须着力改善生态环境。

针对环境变化，世界各国采取了积极的应对措施。1992 年，180 多个国家齐聚巴西里约热内卢参加联合国环境与发展大会，通过了《联合国气候变化框架公约》《21 世纪议程》等重要文件，达成了人类社会不能超越自然环境承载力等共识，提出了温室气体减排的战略计划。1997 年，达成的《联合国气候变化框架公约的京都议定书》（简称《京都议定书》），作为《联合国气候变化框架公约》的补充条款，包括买卖"排放权交易"、"净排放量"计算方法、绿色开发机制、"集团方式"减排等。2004 年，170 个国家召开《联合国气候变化框架公约》第十次缔约方会议，对气候变化、温室气体减排、气候领域的技术开发与转让中的部分议题达成共识。2016 年，通过了《巴黎协定》，对 2020 年后全球应对气候变化行动做出安排。各国还分别开展了生态修复工程项目，主要有美国 CRP 工程（Conservation Reserve Program）、哥斯达黎加 PSA 计划（Pagos de Servicios Ambientales）、墨西哥生态保护工程等。

中国为了遏制生态环境的恶化启动了天然林保护工程（Natural Forest Protection Project)、"三北"和长江中下游地区等重点防护林体系建设工程、退耕还林还草工程（Slop Land Conversion Program，简称退耕还林工程）、京津风沙源治理工程、野生动植物保护及自然保护区建设工程以及重点地区以速生丰产用材林为主的林业产业建设工程等16项重大生态修复工程，其中退耕还林工程因政策性强、投资量大、涉及面广、参与度高而成为迄今为止世界上最大的生态修复工程。

退耕还林工程的开展必须依靠广大农户的积极参与，才能实现预期目标。如何调动农户的积极性则考验国家的制度设计和政策执行力，生态补偿政策是世界各国普遍采用且行之有效的生态修复工程制度设计。退耕还林工程的补偿政策设计是一个系统工程，而补偿标准的制定是其核心内容。补偿标准制定得过高或过低都会对农户和政府产生积极或消极的影响。一方面，较高的补偿标准能调动农户参加、维持和保护退耕还林工程，但政府却要支付较高的成本；另一方面，较低的补偿标准虽然降低了政府的支付成本，却可能无法调动农户积极参与退耕还林工程。

目前，采用的退耕还林工程补偿标准是由政府分阶段制定的，虽在执行过程中取得了较好成效，但其弊端也十分明显，受到学界的广泛关注。其弊端主要表现为：在空间上，划分区块过大，未充分考虑各地区资源禀赋差异（Costanza R et al.，1998；B C Murray & R C Abt，2001；R Sierra & E Russman，2006；李世东和吴转颖，2002；支玲等，2004；孔凡斌和陈建成，2009；张眉和刘伟平，2010；谭秋成，2012）；在时间上，补偿标准一旦制定多年不变，未能与经济社会发展相协调（任林静和黎洁，2013；韩洪云和喻永红，2014；樊杰等，2017）；在实施过程中，供给与需求匹配缺失，农户收益与生态效益错位（Wang Chunmei & Maclaren Virginia，2012；李国平和石涵予，2015；孙新章和谢高地，2007）。

随着退耕还林工程的全面开展和逐步深化，补偿标准的研究已成为其热点问题。现有文献主要从以下三个方面开展：从视角上看，主要有农户视角（李国平和石涵予，2015；喻永红，2015；于金娜和姚顺波，2012）、政府视角（柳亮和陈志丹，2009；邵传林和何磊，2010）、区域视角（孙新章和谢高地，2007；叶欠等，2011）等；从研究目的上看，主要有恢复生态环境（韩洪云和喻永红，2012）、调动农户积极性（聂强，2008）、改善区域环境（孙新章和谢高地，2007）等；从方法上看，有成本分析法（Amacher G et al.，2008；于金娜和姚顺波，2012；刘震和姚顺波，2008；韩洪云和喻永红，2014）、生态效益测算法（王耕等，2014；杨灿和朱玉林，2016）、意愿调查法（喻永红，2014a，2015b；唐宏等，2011；黎洁，2010）等。由于视角各异、目标不一、方法多样，使得退耕还林工程补偿标准的制定差异明显，学界尚未形成统一、系统的分析方法，从而成为研究退耕还林工程补偿政策的关键科学问题。因此，为了推进退耕还林工程的深入开展，因地制宜确定退耕还林工程补偿标准，本书以陕西省为例，基于供需均衡视角研究退耕还林工程的补偿标准。

1.2 研究目的和意义

1.2.1 研究目的

基于供需均衡视角研究退耕还林工程的补偿标准。提供生态系统服务功能的主体为农户个体和农户群体，作为供给者；购买生态系统服务功能的主体为代表全社会集体利益的政府，作为需求者。政府出资购买全社会需求的生态系统服务，农户个体出于收益最大化考虑提供生态系统服务，农户群体汇合农户个体生态系统服务形成生态系统服务总供给，农户群体与政府关于生态系统服务的交易价格（补偿标准）即为研究目标，大致可以分为以下四个方面。

1.2.1.1 分析农户个体参与退耕还林工程的决策机理

农户个体是参与退耕还林工程的最小决策单元，出于利益最大化考虑，会自主配置所拥有的土地资源。即农户个体在有或者没有退耕还林工程的补偿时均有林地产品供给，结合内外部环境条件，参考退耕还林工程的补偿标准供给林地产品。

1.2.1.2 绘制农户群体参与退耕还林工程的林地供给曲线

在农户个体参与退耕还林工程决策研究的基础上，绘制农户群体参与退耕还林工程的林地供给曲线。农户个体在利益最大化驱动下，配置所拥有的土地资源，参与退耕还林工程，输出林地产品，汇合形成农户群体参与退耕还林工程的林地供给曲线。

1.2.1.3 核算政府对退耕还林工程的林地需求量

结合社会经济发展水平，核算生态足迹价值与生态服务价值，评价生态承载力水平，进而分析生态服务价值的需求缺口，反推林地产品的需求量，核算政府对退耕还林工程的林地需求量。

1.2.1.4 确定基于供需均衡视角的退耕还林工程补偿标准

结合退耕还林工程的林地供给曲线，按照政府对退耕还林工程的林地需求量，确定基于供需均衡视角的退耕还林工程补偿标准，为相关生态修复工程补偿政策制定提供理论基础和实证依据。

1.2.2 研究意义

1999 年以来，我国对退耕还林工程、天然林保护工程等一系列生态修复工程给予了补偿，推动了生态修复工程的可持续发展（徐晋涛，2010）。然而，目前补偿标准存在主观性、随意性、静态化等问题，导致政策执行效果不佳（孔凡斌和陈建成，2009；张眉和刘伟平，2010；贾卓等，2012；刘晓光和朱晓东，2013）。通过研究政策执行效果不佳的原因，制定科学合理的补偿标准，已成为研究退耕还林工程补偿政策、推进生态修复工程深入发展亟待解决的关键科学问题和重要政策问题。基于"问题导向"的思路，本书选择陕西省退耕还林工程补偿标准作为研究对象，具有较大的理论意义与现实意义。

1.2.2.1　理论意义

（1）从农户个体参与退耕还林工程决策机理出发，研究其驱动因素及动态演化，构建了农户参与退耕还林工程的驱动机理分析框架及模型，推出了提升农户参与退耕还林工程的三条路径，为提升农户个体参与退耕还林工程效果提供理论依据，促进了生态修复工程的理论研究。

（2）对农户群体退耕还林工程的林地供给可能性曲线进行分析及验证，基于结果导向分析法绘制农户群体退耕还林工程的林地供给曲线，丰富了退耕还林工程的林地供给研究方法。

（3）构建以价值量（资金）为单位的生态足迹—服务价值法的生态承载力分析框架，克服了生态承载力研究缺乏生态学理论支撑和评价标准客观通用性不足的问题；生态承载力反推生态服务价值需求及退耕还林工程的林地需求量，提出了客观核算生态修复工程需求的新思路。

（4）基于供需均衡视角研究退耕还林工程补偿标准，克服了静态单一角度（需求或者供给）研究退耕还林工程补偿标准的不足，推进了退耕还林工程补偿标准的动态研究，拓展了生态修复工程的研究视角。

1.2.2.2　现实意义

（1）探究了退耕还林工程造林面积扩大与复耕抬头并存的原因。根据《中国林业统计年鉴》，退耕还林工程的造林面积逐年扩大；但是国家林业局《2008 年 – 2014 年全国退耕还林工程阶段验收工作总报告》指出，复耕抬头现象也比较普遍。本书通过分析农户个体参与退耕还林工程决策机理，探讨了退耕还林工程造林面积扩大与复耕抬头并存的原因，推导出了提升农户参与退耕还林工程的三条路径，为深入推进退耕还林工程提供了决策参考。

（2）解决了退耕还林补偿标准统一化与区域异质性的矛盾。退耕还林工程的补偿标准在启动阶段和成果巩固阶段，以黄河流域及北方地区和长江流域及南方地区分标准执行；之后的再启动阶段不再区分地域而是执行全国统一的标准，对区域的异质性考虑不足。通过评价生态承载力及反推退耕还林工程的林地需求量，能有效反映区域异质性，在此基础上确定的退耕还林工程补偿标准为因地制宜推进生态修复工程创造了条件。

（3）推进了以市场为基础的退耕还林工程补偿标准。基于结果导向分析法绘制农户群体退耕还林工程的林地供给曲线，是以事实结果为依据的农户群体市场交易行为；以生态承载力评价为基础反推退耕还林工程的林地需求量，客观反映了政府对生态系统服务的需求，以及基于此的供需均衡视角下的退耕还林工程补偿标准，为推进以市场为基础的退耕还林工程补偿标准进行了尝试。

1.3　国内外研究动态及评述

本研究主要涉及三个方面的文献：第一是基于供给视角的退耕还林工程补偿标准研究；第二是基于需求视角的退耕还林工程补偿标准研究；第三是基于供需均衡视角的退耕还林工程补偿标准研究。

1.3.1　基于供给视角的退耕还林工程补偿标准研究

基于供给视角的退耕还林工程补偿标准研究在实践中主要运用机会成本法。

普兰坦加等（Plantanga A J et al.，2001）利用1987～1990年美国9个地区的CRP参考数据，基于已有的研究分析不同补贴条件下农户愿意退耕的面积，据以绘制出反映农户退耕情况的保护性土地供给函数，按照低成本、中成本和高成本将登记的种植土地进行分组，并分析了农户在保护计划中的机会成本。

科宁等（Koning G H J et al.，2007）提出了一个土地使用分配模型，并将其应用于厄瓜多尔西部的生物多样性保护，在最大化农户期望效用的原则下模拟出不同情况下的补偿价格。研究结果表明每公顷森林的相对较低的支付能够显著增加森林土地，在确定支付生态系统服务可能产生的影响时，风险行为成为一个重要因素。

　　沃辛和斯温顿（Wossink A & Swinton S M，2007）研究了农户提供非市场化生态系统服务的意愿是否受到非农产品与农产品共同生产的影响，结果表明当市场产品和非市场生态系统服务分享一定生产投入时，两者之间的生产关系可能是互补的、竞争的或替代的，通过成本最小化框架，分析互补关系如何导致非市场化的生态系统服务自愿提供，并展示了互补/竞争对生态系统服务最低接受支付意愿小于或等于替代或独立生产关系中生产的同一生态系统服务的最低支付意愿。

　　刘震和姚顺波（2008）以黄土高原地区陕西吴起、定边及甘肃华池的调查数据进行实证分析，分别运用收入增长法及征地法确定较为合理的退耕还林补偿标准及其补偿年限，把征地等价补偿额作为农户退耕还林的机会成本，研究了退耕还林补偿标准。研究结果表明，应在原有退耕还林经济补偿政策基础上适当降低补偿标准，延长补偿年限。

　　李晓光等（2009）以海南中部山区为例，在遥感解译、问卷调查以及模型模拟的基础上，计算了贴现橡胶和槟榔经营的现金流，以土地权属为载体，应用机会成本法确定了海南中部山区进行公益林保护的机会成本，探讨了时间因子和风险因子对机会成本的影响。结果表明，海南中部山区进行森林保护的机会成本为 2.37×10^8 元/年，其中时间因子对机会成本的影响主要体现在贴现率和不同时期的现金流上，风险的存在降低了机会成本。

　　吴文洁和常志风（2011）以陕北为例，选择市场价值法和恢复成本法以及机会成本法计量油气资源开发中的生态环境损失以及发展机会损失，确定补偿标准。结果表明，陕北油气资源开发生态补偿标准为销售收入的2%，相当于每吨石油提取120元，每立方米天然气提取0.02元。

　　蒋依依等（2014）以云南省玉龙县为例，以生态保护过程中利益相关程度最高的社区居民为补偿对象，以土地价值为核算载体，基于生态足迹效率测算方法，构建以机会成本核算的最低标准、以游憩功能价值核算的合理标准以及由两者之和匡算的最高标准组成的旅游地生态补偿标准核算体系。研究表明，旅游业的发展为土地价值的实现提供了现实的市场化途径，同时提供了社区参与地区产业发展的机会。

　　机会成本法在确定补偿标准时主要考虑农户参与生态工程所放弃的最大

收益，可操作性强，应用范围广泛，然而在实践中不同研究者对机会成本内容的界定往往不同，导致补偿标准具有一定的随意性，并且其未能从农户视角分析农户个体参与退耕还林工程的驱动机理。

1.3.2　基于需求视角的退耕还林工程补偿标准研究

需求视角的退耕还林工程补偿标准研究主要基于主观度量角度的支付意愿法和基于客观度量角度的生态系统服务功能价值法两种。

科斯坦萨等（Costanza R et al.，1997）利用发表的研究数据和一些原始计算数据，开展了对生态系统服务功能的价值探索，估计了 16 个生物群落的 17 种生态系统服务的当期经济价值。结果表明，整个生物圈的价值（其中大部分在市场之外）为每年 16 万亿~54 万亿美元，平均每年为 33 万亿美元，由于其不确定性的影响，此估计应被视为最低估计。

卡恩等（Karin et al.，2002）采用跨学科方法，提出了一个生态—经济模型研究物种保护的补偿支付。以人类土地使用产生的时空结构景观为例，利用支付意愿法对白鹳保护的生态补偿进行定量研究。研究结果表明，不仅在质量上而且在数量上，提供有效的补偿支付与实施物种保护政策相关。

卡尔帕纳·安巴莎等（Kalpana Ambastha et al.，2007）通过社会经济调查和意愿调查法评估了卡巴尔塔湿地与周围居民之间的经济联系，他们利用获得的基础数据对湿地保护区居民的补偿意愿进行了线性回归。结果表明，尽管该地区人民贫穷、文化水平低、对卡巴尔塔湿地高度依赖，但是他们愿意参与国家的协作管理举措，作为进入卡巴尔塔湿地的替代方案，人们接受补偿的意愿因各种社会经济和态度参数而退化。

支玲等（2004）通过对会泽县和清镇市的调研，分析了退耕还林工程对退耕农户的影响，基于生态价值补偿的视角对退耕还林补偿标准进行了测算。结果表明，退耕农户在补偿期里收入明显提高，激发了其退耕的积极性；退耕后的农户并不提高土地的集约化水平，却对国家的补贴依赖性强。

我国台湾学者林国庆和柳婉郁（2005）将林木的碳吸存引入林木的外部收益计算中，建立最优造林奖励金决定模式，从理论和实证模拟的角度出发，以达到碳吸存最大亿为前提，分析研究台湾的主要造林树种杉木的奖励金。

　　王磊（2009）把退耕还林的补偿标准及期限作为研究对象，以退耕还林工程中的不完全产权分析作为研究视角，论述了退耕还生态林及经济林的不完全状况差异，进而基于产权的不完全性对不同林种的退耕还林补偿标准及期限进行了理论分析。从农户退耕还林地产权不完整程度的角度探讨了退耕还林工程生态林和经济林补偿标准的测算方法，提出了不完全视角下的补偿标准测算方法及补偿期限建议。

　　刘晓黎等（2010）在阐述区域性森林涵养水源生态效益补偿原则、对象和范围的基础上，结合大庆地区 50 多年来过量使用地表、地下水开采石油的具体情况，运用定量分析方法测算森林涵养水源的补偿价值，以及对相关行业产业的影响，提出直接向受益者征收森林涵养水源效益补偿费的方案，并提出建立地方政府森林生态效益补偿运行机制，运用生态效益补偿法测算了大庆地区森林涵养水源的补偿价值。

　　于金娜等（2012）基于碳汇效益内部化和农户与政府行为的相关假设，设计了一个决定最优退耕还林补贴标准的框架，用黄土高原常见的退耕树种刺槐为例对退耕还林补偿标准进行测算。结果表明，黄土高原区的最佳退耕还林补贴年限为 16 年，补贴标准的原则是每年给予退耕补贴 3985.93 元/公顷，但现有的退耕还林政策对于农户的激励作用有限。

　　李云驹等（2011）以云南省滇池松华坝流域为研究对象，对生态补偿标准的计算方法进行了评价和分析，并对不同生态补偿措施的生态补偿标准、生态服务功能及生态补偿效率进行了探讨。结果表明，依照生态服务功能价值法计算的生态补偿标准可以作为流域退耕还林生态补偿标准的上限，依机会成本法计算的生态补偿标准因受市场影响而存在较大的市场风险，不宜直接作为确定补偿标准的依据。

　　此类研究充分反映了生态要素创造的外部性价值，却未考虑政府购买生态产品的预算约束和成本最小化目标，根据总生态效用计算的补偿标准往往非常大，超出政府支付能力。在现实中可行性不大；而支付意愿法的被调查者可能会向自己有利的方向阐释意愿，导致补偿标准的随意性和倾向性。

1.3.3 基于供需均衡视角的退耕还林工程补偿标准研究

基于供需均衡视角的研究将生态系统服务功能看成一种商品，定价方式一般是两个地方政府或企业与政府之间的协调定价，如哥伦比亚的农民协会发起的 PES 项目、Guabas 河流域的下游与上游的土地使用者协商定价以及巴西地方政府利用 5% 的消费税来资助上游水源保护区（Alixgarcia，2005；Bishop J，2002；Stefano Pagiola et al.，2002）。我国开展了浙江省东阳和义乌签订的水权协议、北京官厅和密云水库区的生态补偿、三江源生态补偿、广东东江流域和福建流域补偿等水资源交易实践活动。

韩德军等（2011）从《全国主体功能区规划》出发，通过对格罗夫斯—克拉克机制数学验证和修正，提出确定生态补偿标准和成本的方法、解决生态补偿资金来源等核心问题的思路，并激励生态补偿活动高效发展。

张郁和苏明涛（2012）以大伙房水库输水工程为例，探讨其水源地生态补偿标准的确定以及补偿金额的分担问题，为该输水工程生态补偿机制的建立提供参考。

刘强等（2012）选取广东省东江流域作为研究对象，在总结分析现有补偿标准的基础上，运用生态保护成本法和条件价值评估法，分别从流域水源地保护方和下游受益方的角度对东江流域生态补偿标准进行测算，并依据下游用水量对补偿金进行分摊。

吴明红和严耕（2013）基于生态系统服务的转移性贡献和当前我国生态补偿以中央政府财政转移支付为主的现实，构建覆盖各主要生态环境要素和污染物排放控制领域的生态补偿标准核算指标体系，采用相对评价算法，计算出各省份的生态补偿指数。

付意成等（2014）以永定河流域为例，基于社会公平机制对用水联盟水量分配进行研究，给出基于参数区间最优合作博弈理论的流域内部水量公平分配的最优决策过程，通过对合作博弈的沙普利值进行计算，构建永定河流域整体用水部门的效益最大化水量分配模型。

贾卓等（2012）以玛曲县草地生态系统为研究对象，采用风险效益成本比较法，分析各乡（镇）实施生态补偿的参与成本和草地生态服务的贡献，并计算出各乡（镇）的风险效益成本比，以各乡（镇）的行政边界为生态补偿的空间边界，风险效益成本比为生态补偿的优先程度，将玛曲县的 8 个乡（镇）分为一类补偿区、二类补偿区、三类补偿区，采取有差别的补偿政策。

刘晓光和朱晓东（2015）针对限制开发区域林业生态建设的特点，从明确重点领域、补偿标准的分类动态调整、加大财政转移支付力度、开展横向生态补偿的实践以及市场化补偿平台的创建等方面提出了完善黑龙江省限制开发区域林业生态建设补偿机制的基本构想，提出建立动态的监测体系，根据林草状态的改变和市场状况的变化适时调整补偿标准。

上述研究的优点是可以反映各个利益相关者的偏好，不足之处在于受偿方在博弈过程中往往处于弱势，且该方法涉及较大的交易成本，影响其实用性和公平性（Pagiola S et al.，2002），并且定量分析不足。

国内外学者的研究从不同角度深化了关于退耕还林工程的补偿标准研究，为本书研究方案的思路设计及成果检验提供了重要的借鉴。但是既有研究文献尤其是国内文献大多从生态修复工程需求或者供给的单一角度研究补偿标准，从供需均衡的角度展开的研究主要属于定性分析，通过构建微观经济学模型进行的定量分析不足，从而导致补偿标准的科学性和实用性不强。

1.4　研究思路、研究方法与技术路线

1.4.1　研究思路

本书以陕西省的退耕还林工程为切入点，从农户个体参与退耕还林工程的决策机理出发，研究农户个体参与退耕还林工程的驱动因素及动态演化。然后通过理论分析得到农户群体参与退耕还林工程的林地供给可能性曲线，并实证分析农户群体对退耕还林工程林地供给的影响因素，运用"结果导向法"绘制退耕还林工程的林地供给曲线。随后，构建以价值量（资金）为单位的

生态足迹—服务价值法的生态承载力分析框架,分析陕西省生态承载力空间分布特征、演化路径及其原因,进而反推政府对退耕还林工程的林地需求量。最后,将农户群体的退耕林地供给曲线与政府的退耕林地需求量相结合,确定基于供需均衡视角下的退耕还林工程补偿标准,进一步探讨了生态修复合理增长下的退耕还林工程的补偿标准。基于此,本书研究内容包括以下四个方面:农户个体参与退耕还林工程的决策机理;农户群体参与退耕还林工程的林地供给曲线;政府对退耕还林工程的林地需求量;基于供需均衡视角的退耕还林工程补偿标准。

1.4.1.1 农户个体参与退耕还林工程的决策机理

假定在一定时期内,农户个体所拥有的土地面积不变,农户是完全理性人,在退耕还林工程政策下,农户个体为了利益最大化目标,会自主配置其所拥有的土地资源。本书基于地租理论,构建农户个体参与退耕还林工程的决策机理模型,分析农户参与退耕还林工程的主要影响因素及影响程度。

1.4.1.2 农户群体参与退耕还林工程的林地供给曲线

农户个体参与退耕还林工程的决策行为汇合形成农户群体参与退耕还林工程的供给曲线。本书从农户群体角度出发,以陕西省各区县历年开展的退耕还林工程为研究对象,通过理论分析得到农户群体退耕林地供给的可能性曲线,并实证分析农户群体对退耕还林工程林地供给的影响因素,运用结果导向法绘制退耕还林工程的林地供给曲线。

1.4.1.3 政府对退耕还林工程的林地需求量

政府对退耕还林工程(生态服务价值)的需求量,是由生态承载力决定的。为了改善生态承载力指标,政府购买生态系统服务产品,启动了退耕还林工程、天然林保护工程等生态修复工程。本书构建以价值量(资金)为单位的生态足迹—服务价值法的生态承载力分析框架,选取陕西省 97 个区县的 2000~2015 年四期数据,运用差异系数、全局 Moran's I、Moran 散点图和 LISA 集聚图分析生态承载力空间分布特征、演化路径及其原因,在此基础上通过生态承载力指数反推生态服务价值的需求量，进而得出政府对退耕还林工程的林地需求量。

1.4.1.4　基于供需均衡视角的退耕还林工程补偿标准

农户个体为了利益最大化目标，自主配置土地资源，退耕还林工程的补偿影响农户个体土地收益，激励农户个体调整土地资源收益，进而形成农户群体的退耕还林工程供给曲线，按照政府对退耕还林工程的林地需求量，可以确定基于供需均衡视角下的退耕还林工程补偿标准。本书进一步探讨了生态修复合理增长下的退耕还林工程的补偿标准。

1.4.2　研究方法

1.4.2.1　文献法

文献法是搜集和分析研究各种现存的有关文献资料，从中选取信息，以达到某种调查研究目的的方法，关键是选取适用于课题的资料，并对这些资料做出恰当分析和使用。本书通过收集、整理国内外关于生态修复工程供给侧、需求侧、补偿标准、影响因素及政策优化方面的研究文献，掌握研究对象的历程、现状和面临的问题，借鉴吸收先进的研究方法，为实证研究提供理论支撑和方法借鉴。

1.4.2.2　案例分析法

案例分析法是结合文献资料对单一对象进行分析，得出事物一般性、普遍性的方法。本书选择典型区域，通过对典型区域的农户个体、群体参与退耕还林工程的决策行为分析研究，总结农户参与生态修复工程的一般性、普遍性的规律。

1.4.2.3　机会成本法

机会成本法是在无市场价格的情况下，资源使用的成本用所牺牲的替代用途的收入来估算。本书以退耕前农户的耕地收入、成本及利润替代退耕后农户的预期收入、成本及利润。

1.4.2.4　生态足迹—服务价值法

这是本书创建的评价生态承载力的方法，其采用价值量（资金）为核算单位。该方法吸收了生态服务价值法以生态经济学、环境和自然资源经济学为基础的优点，改进了生态足迹法以固定的均衡因子与产量因子转化为"虚拟面积"核算生态系统供给的不足，利用时空调节因子因地制宜、客观地反映生态系统供给的价值量。为更加客观、通用地评价生态承载力、反推退耕还林工程的林地需求量创造了条件。

1.4.2.5　统计分析法

统计分析法是通过对研究对象的规模、范围、程度等数量关系进行分析研究，认识和揭示事物间的相互关系、变化规律和发展趋势，借以达到对事物的正确解释和预测的一种研究方法。本书采用描述性统计的方法，展示陕西省、典型区县的退耕还林工程的实施状况。

1.4.2.6　计量分析法

计量分析法是用统计推论方法对经济变量之间的关系做出数值估计的数量分析方法。首先把经济理论表示为可计量的数学模型即经济计量模型，然后用统计推论方法加工实际资料，使这种数学模型数值化。本书通过理论推导，建立农户个体参与退耕还林工程决策机理模型、政府对退耕还林工程需求量模型等计量模型，之后进行实证分析。

1.4.2.7　公共政策分析法

公共政策分析法是公共权力机关经由政治过程所选择和制定的为解决公共问题、达成公共目标、以实现公共利益的方法。本书通过对农户个体、群体对退耕还林工程的供给研究，政府对退耕还林工程的需求研究，提出较为适应陕西省退耕还林工程特点的政策建议，以期为中国生态修复工程的开展提供理论支撑和实践参考。

1.4.3　技术路线

本书以陕西省退耕还林工程为研究对象，分别梳理国内外已有文献并对相关概念进行界定，通过实地调研和遥感影像获得本书的研究数据；多角度、全方位分析目前退耕还林二程的历程、现状及存在的问题；通过理论推导，构建农户个体参与退耕还林工程决策机理模型，分析农户个体参与退耕还林工程的影响因素及程度；运用计量经济学模型，绘制农户群体参与退耕还林工程的供给曲线；创建生态足迹—服务价值法，依据生态承载力指数反推退耕还林工程的需求量；在此基础上，得到供需均衡视角下的陕西省退耕还林工程的补偿标准，并提出政策建议。本研究技术路线如图1-1所示。

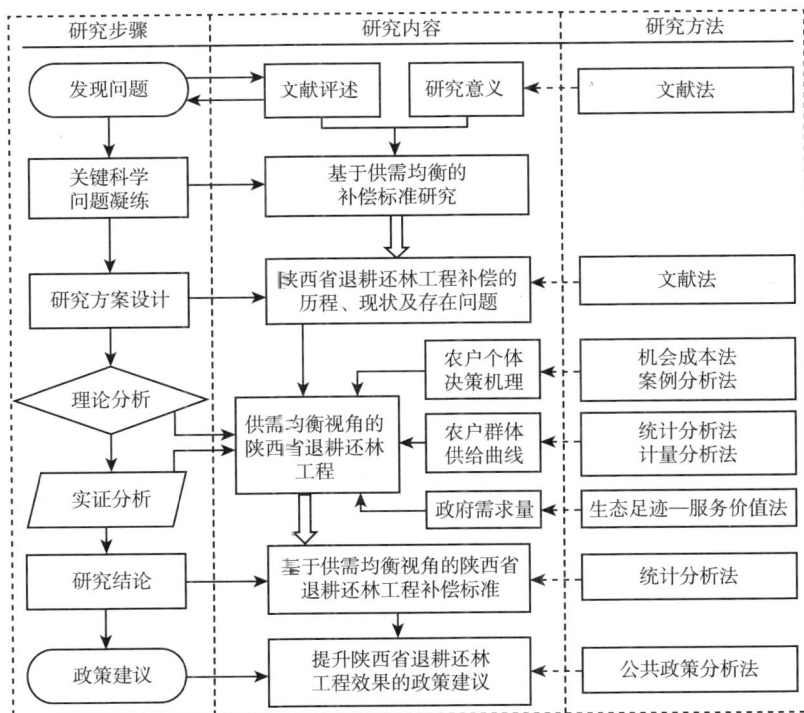

图 1-1　技术路线

1.5　研究区域简介与数据来源

1.5.1　研究区域简介

陕西省位于西北内陆腹地，范围为 $31°42' \sim 39°35'$N，$105°29' \sim 111°15'$E，总面积 20.58 万平方千米，海拔高度 800～3000 米，自 1999 年实施退耕还林工程以来，陕西省森林覆盖率由退耕还林前的 30.92% 增长到 41.42%，活立木总蓄积量达到 4.24 亿立方米（于金娜和姚顺波，2012）。选择陕西省作为研究区主要有三方面原因：第一，地貌类型跨度大，气候差异分明，在地理学上具有典型性。陕西省地处长江、黄河两大流域之间，兼具南北方自然资源特点，由陕北、关中、陕南三个地区组成，陕北地区属于高原区兼具沙漠气候特征，中温带干旱大陆性季风气候，温差较大，雨少不均；关中地区属于平原区，暖温带半湿润半干旱季风气候，雨量适中；陕南地区属于山区，亚热带大陆性季风气候，雨量充沛。第二，退耕还林工程起步早、程度深，在生态系统供给上具有异质性。陕西省是中国退耕还林工程最早开展的三个试点省份之一，完整地经历了退耕还林工程的全部过程，作为退耕还林（草）、天然林资源保护等生态修复工程的试点省份和重点区域，全省及三大地区林草覆盖率分别从 2000 年的 60.1%、57.0%、48.3% 和 73.1% 变化为 2015 年的 61.2%、60.2%、48.0% 和 72.9%，年均变化率为 0.12%、0.36%、−0.04% 和 −0.02%[①]。第三，社会经济快速发展但不平衡，在生态系统需求上具有非均衡性。陕西省经济社会发展水平处于中国各省区市中游，且陕北、关中、陕南三大地区差异明显。陕西省及三大地区的生产总值分别从 2000 年的 1804.00 亿元、235.68 亿元、1282.15 亿元和 250.38 亿元增长为 2015 年的 18021.86 亿元、3690.15 亿元、11585.17 亿元和 2433.18 亿元，年均增长率分别为 16.6%、20.1%、15.8% 和 16.4%，陕西省的生产总值在中

---

① 数据来源于 2000 年、2015 年地理国情监测云平台 Landsat 卫星遥感影像，分辨率为 30m。

国省区市排名中从第20位上升至第15位①。基于以上原因，为了在适当尺度上评价生态承载力动态演化，选取陕西省的97个区县作为研究对象。

吴起县位于陕西省西北部，地理坐标为东经107°38′~108°32′，北纬36°33′~37°24′，总面积3791.5平方千米，总人口14.3万人，截至2015年累计退耕还林166000公顷，2004~2014年林草覆盖率由31.5%提高到77.0%（吴起统计年鉴，2015），先后获得"全国退耕还林试点示范县""全国林业建设标准化示范县"等荣誉。吴起县因退耕还林工程起步早、程度深、效果好，而成为退耕还林工程研究的热点区域，本书选择吴起县作为入户调研对象。

1.5.2 数据来源

1.5.2.1 统计数据

本书的统计数据中常住人口、人均生活资源消费价值、地区生产总值、单位地区生产总值能耗、农地各地类面积等来自历年的《陕西统计年鉴》。单位标准煤价格采用《中国煤炭工业发展报告》的原中央财政煤炭企业商品煤平均售价。退耕还林工程的土地地力折算系数根据《全国耕地类型区、耕地地力等级划分》（中华人民共和国农业行业标准NY/T309 – 1996）确定。其他统计数据来源于历年的《中国统计年鉴》《中国林业统计年鉴》《中国县域统计年鉴》《吴起统计年鉴》和陕西省林业厅退耕还林数据。

林业贷款利率依据《林业贷款中央财政贴息资金管理规定》第四条"林业贷款中央财政贴息率根据中国人民银行规定的贷款利率变化情况适时调整。金融机构一年期贷款利率为3%（含）~5%时，中央财政对地方单位和个人使用的林业贷款项目，按年利率1.5%给予贴息。金融机构一年期贷款利率为5%（含）~7%时，中央财政对地方单位和个人使用的林业贷款项目，按年利

---

① 陕西省统计局，国家统计局陕西调查总队. 陕西统计年鉴 [G]. 北京：中国统计出版社，2001 – 2018.

率2%给予贴息。金融机构一年期贷款利率高于7%（含）时，中央财政对地方单位和个人使用的林业贷款项目，按年利率3%给予贴息"（于金娜和姚顺波，2012），在参考近五年金融机构一年期贷款利率的基础上，确定林业贷款利率为3.5%。

为了统一数据标准，本书将2000年作为基期，各期数据按照同期粮食价格指数进行折算。

1.5.2.2　地类数据

土地利用类型采用2000～2015年中国科学院地理空间数据云 Landsat 卫星遥感影像的2000年、2005年、2010年和2015年四期数据，分辨率为30米。单位面积生态系统服务价值当量采用《单位面积生态系统服务价值当量表》（谢高地等，2015）。

1.5.2.3　调研数据

为了研究近年来退耕还林工程的林地补偿对农户参与退耕还林工程的影响，本书选取退耕还林工程的典型——吴起县作为调研对象，获取了2005～2015年的调研数据。对于调研数据中样本农户的选取，首先，随机抽取吴起县的3～4个乡镇，每个乡镇随机抽取3～4个村，每个村随机抽取15户农户进行问卷调查，并在调查当晚开展小组讨论与核对、整理问卷。由于2005～2015年间经济社会发生了较大变化，引起了农村资源禀赋发生变化，进而影响农户家庭的比较收益的变化，为了研究吴起县退耕还林工程建设的动态变化过程，结合吴起县近年经济社会发展情况，科研团队从历年的农村入户问卷调查中选取了2004年、2008年、2011年和2014年四期有代表性的调查数据，具体调研时间分别为2005年9月、2009年5月、2012年5月和2015年11月，获取样本农户分别为225户、227户、193户和198户，整理过程中剔除了无效样本，最终共获得有效样本分别为205份、206份、178份和181份，样本有效率分别为91.1%、90.7%、92.2%和91.0%。

1.6　可能创新之处

基于供需均衡视角的陕西省退耕还林工程补偿标准研究作为一种新的研究退耕还林工程补偿标准的视角，在研究中必须充分考虑供给和需求两个方面，通过系统分析和科学量化确定补偿标准。本书的可能创新之处有以下四个方面。

（1）理论研究方面。本书通过分析农户个体参与退耕还林工程的决策机理，得到了农户个体、群体的林地供给的短期和长期曲线；通过分析政府需求对林地价格影响的研究，得出了政府在既定需求目标下，对退耕还林工程补偿标准的支付意愿。在这两者基础上确立了基于供需均衡的退耕还林工程补偿标准的理论基础。目前，国内研究退耕还林工程补偿标准多从需求或者供给的单一角度开展，而从供需均衡的角度展开的研究较少，本书为退耕还林补偿标准研究提供了一种新的思路。

（2）供给方面。本书从农户个体与农户群体两个层面分析了退耕还林工程林地的决策与供给情况。从农户个体角度，分析其参与退耕还林工程的决策机理；从农户群体角度，得到各区域退耕还林工程的供给曲线。现有文献多是将农户认为一个整体，而从农户个体、农户群体两个层面分析的研究较少，本书对陕西省退耕还林工程供给方面的研究做了较为深入的分析。

（3）需求方面。本书以生态承载力理论为基础，采用生态足迹—服务价值法反推区域退耕还林工程的林地需求量。现有文献研究退耕还林工程的需求量未考虑政府购买生态产品的预算约束和成本最小化目标，并受被调查者补偿意愿的随意性和倾向性的影响，使研究结果欠缺客观性。本书通过生态承载力反推退耕还林工程需求量，为退耕还林工程需求研究提供了一种新的方法。

（4）研究结果方面。本书不仅计算出当期的退耕还林工程补偿标准，而且结合生态修复合理增长，计算出改善生态承载力的退耕还林工程的补偿标准。通过基于供需均衡视角的陕西省退耕还林工程补偿标准研究，提出了较为客观的陕西省各区域退耕还林工程补偿标准及政策建议。

1.7　本书结构

本书主要分为八章。第 1 章简要说明本研究的背景、研究目的和意义、国内外研究动态、研究思路、研究方法、技术路线、研究区域及数据来源、可能的创新之处及研究架构。第 2 章阐述退耕还林工程补偿标准的理论基础，主要包括概念界定、相关理论、供给侧理论分析、需求侧理论分析，确立了本研究的主要理论框架。第 3 章分析退耕还林工程补偿的历程、现状与面临问题。第 4 章主要从农户个体视角，探讨农户个体参与退耕还林工程的决策机理。第 5 章从农户群体出发，研究农户群体参与退耕还林工程的林地供给曲线。第 6 章构建了以价值量（资金）为单位的生态足迹—服务价值法的生态承载力分析框架，分析生态承载力空间分布特征、演化路径及其原因。第 7 章通过生态承载力指数反推生态服务价值的需求量，结合第 5 章退耕还林工程的林地供给曲线，确定基于供需均衡视角下的退耕还林工程补偿标准。第 8 章总结了本书所得到的研究结果，并给出相应的政策建议，以供决策者参考，最后对未来的研究进行了展望。

第 2 章　退耕还林工程补偿标准理论基础

退耕还林工程具有显著的正外部性，政府作为补偿主体通过生态补偿激励农户参与退耕还林工程，农户作为受偿主体调整土地利用结构，以实现政府所代表的社会生态需求目标。在退耕还林工程中，政府在满足生态需求的基础上考虑成本最小化，农户在弥补成本的过程中考虑收益最大化。因此，退耕还林工程的核心问题是确定最优的补偿标准，制定科学合理的退耕还林工程补偿标准对退耕还林工程的实施效果具有重要意义（王恒博等，2016）。第 1 章中我们对退耕还林工程的国内外研究现状进行了分析，本章将对退耕还林工程补偿标准的相关概念进行界定，对已有公共物品理论、外部性理论、地租理论、供需均衡理论、产权理论进行梳理，形成本书的理论基础，进而提出基于供需均衡视角的陕西省退耕还林工程补偿标准的研究框架，并就退耕还林工程补偿标准的研究范围进行划分，为研究陕西省退耕还林工程补偿标准提供理论依据。

2.1　概念界定

2.1.1　退耕还林工程

"退耕还林"一词最早源于 20 世纪 30 年代的美国，为了缓解农产品过剩和改善生态环境恶化的状况，美国推出了一系列与"退耕还林"类似的计划项目，出现了"退耕还林""休耕""轮耕"等名词（杜英，2008）。"退耕还林"一词提出后，各界学者从本专业出发对其进行了不同的解释。佘方忠（2000）认为，退耕还林（草），就是将坡度达到25°及25°以上的陡坡耕地，退出耕作，通过植树种草，恢复森林植被的一项生态建设工程。支玲和邵爱英（2000）认为，退耕还林（草）就是国家用计划手段，以工程建设的方式，通过政策引导，使沙化地和退化坡耕地向林（草）地的资源转化，改变不合理的土地利用方式，达到生态—经济系统重建的目的。张秋良（2003）认为，"退耕还林"就是将容易造成水土流失的坡耕地和容易造成土地沙化的耕地有计划有步骤地停止耕作，根据宜林则林、宜草则草的原则，因地制宜地造林种草，恢复良好植被的生态建设过程，主要是针对已经开垦而不宜开垦的土地，恢复其原有相对适宜的植被覆盖，顺从自然选择。李国平和石涵予（2015）认为，退耕还林工程的目的是给予利益受损者适当的经济补偿，激励其改变原有土地经营类型，以改善生态环境为目标，促进农民增收，调整农户土地利用结构。

可见，我国退耕还林工程有一个逐步深化发展的过程。在认识上，由被动向主动转化，从解决粮食过剩的同时改善生态环境，到有计划地改善生态环境，再到农户主动参与退耕还林工程。在目的上，由简单的生态修复到生态环境与农民增收并重，从恢复森林植被的生态建设工程，到生态—经济系统重建，再到改善生态环境和促进农民增收。在方法上，由计划方式到市场方式，从国家计划引导农户改变不合理的土地利用方式，到激励农户自发调整土地利用结构。

国务院2002年颁布的《退耕还林条例》规定，退耕还林工程是在生态脆弱或恶化地区，政府通过向农户发放粮食、资金、种苗补助费等方式，使其复原林地的一项政策，实施形式是政府与农户签订委托—代理契约，农户按照契约的要求进行退耕还林，政府对农户的生态保护行为给予一定补偿（李国平和张文彬，2014）。

退耕还林工程的目的是恢复和重建生态系统，将宜林地中的耕地转化为林地，提高宜林地中的耕地向林地转化的水平，调整宜林地这一稀缺资源的配置。本书所指的退耕还林工程的林地指耕地转化为林地的土地，简称退耕林地。

2.1.2 退耕农户

农户个体是农业生产的基本单元。卜范达和韩喜平（2003）认为，农户生活在农村，主要依靠家庭劳动力从事农业生产，并且拥有剩余控制权、经济生活和家庭关系紧密结合的多功能的社会经济组织，同时较多研究将农户定义为农户家庭（郭霞，2008；翁贞林，2009）。农户个体可以自主选择所经营土地的利用类型，按照是否参与退耕还林工程可以分为退耕农户和非退耕农户，非退耕农户如果后期参与退耕还林工程就可以转化为退耕农户。退耕农户如果后期不参与退耕还林工程就转化为非退耕农户。

农户群体是农户个体的集合。农户个体结合农业相关政策、自然资源条件、经济社会变化等影响因素后，决策自身参与退耕还林工程的程度。农户个体参与退耕还林工程的林（草）地数量汇合成了农户群体的林（草）地供给。

2.1.3 生态承载力

承载力指某一生境（habitat）所能支持的某一物种的最大数量和区域系统对外部环境变化的最大承受能力（Clarke A L，2002；Graymore M，2005）。承载力最早起源于 1798 年马尔萨斯发表的《人口原理》，之后学者从不同学科领域对其进行了发展。承载力是草场上可以支持的不会损害草场的牲畜数量（Hawden I A S & Palmer L J，1922）。相比环境容量的研究，人们更关注生态环境的变化和人类活动对生态承载力的影响。20 世纪七八十年代，联合国粮食及农业组织（FAO）和联合国教科文组织（UNESCO）先后组织了承载力研究，提出一系列承载力定义和量化方法（FAO，1982；UNESCO & FAO，1985）。当前，承载力研究在人口、区域、城市、自然资源、生态系统管理以及环境规划和管理等领域都得到了广泛的应用，同时也催生了诸如生物物理承载力、文化承载力和社会承载力等一系列外延概念和量化模型（封志明等，2017）。

生态承载力是指在自然生态环境不受危害并维系良好的生态系统前提下，一定地域空间的资源禀赋和环境容量所能承载的人口与经济规模（毛汉英和余丹林，2001；刘晓丽，2013）。当前，生态承载力研究与可持续发展研究相适应，生态承载力研究已由单一的土地资源、水资源承载力研究发展到资源、环境、生态乃至资源环境承载力综合研究（Wackernagel M & Rees W，1998；向秀容，2016；封志明等，2017；徐卫华等，2017；徐勇等，2017；李焕等，2017）。

2.1.4　生态服务价值

生态系统服务价值是指通过生态系统的结构、过程和功能直接或间接得到的生命支持产品和服务的价值，是生态环境保护、生态功能区划、环境经济核算和生态补偿决策的重要依据和基础，其核算方法可以分为两类，基于单位服务功能价格的方法和基于单位面积价值当量因子的方法（谢高地等，2015）。基于单位服务功能价格的方法是以生态系统服务功能量的多少和功能量的单位价格来计算总价值，能够模拟小区域的生态系统服务功能，这种方法输入的参数较多、计算过程较为复杂，而且对每种服务价值的评价方法和参数标准也难以统一（Zhang B et al.，2010；Sun J，2011）。基于单位面积价值当量因子的方法是在区分不同种类生态系统服务功能的基础上，基于可量化的标准构建不同类型生态系统各种服务功能的价值当量，然后结合生态系统的分布面积进行评估，特别适用于区域和全球尺度生态系统服务价值的评估，而且当量因子法较为直观易用，数据需求少（Costanza R et al.，2014；谢高地等，2008）。基于单位面积价值当量因子的方法需要构建当量因子表，在此基础上计算生态服务功能价值。为了构建客观和准确的当量因子表，谢高地等在科斯坦萨等生态系统服务功能分类的基础上，构建了一种基于专家知识的生态系统服务价值化方法，并在样点、区域和全国尺度生态系统服务功能价值评估中得到了广泛的应用（谢高地等，2015；傅伯杰和于丹丹，2016）。

2.1.5　生态足迹价值

生态足迹价值是指生产已知人口（某个个人、一个城市或一个国家）所消费的所有资源和吸纳这些人口所产生的所有废弃物所需要的生物生产土地的总价值。生态足迹价值基于生态足迹概念提出，生态足迹理论概念于 1992 年出现，1999 年被引入我国（Rees W E，1992；孙艳芝和沈镭，2016）。目前国内外研究主要集中在三个主要方面：一是理论方法的研究，如生态足迹模型的修正（周涛等，2015）、产量因子的选择（马明德，2014）、与其他模型的结合应用等（朱新玲，2014）；二是针对不同对象、不同尺度的研究，空间范围上表现为在国家、区域、省区市或者单个城市等（Wackernagel M et al.，2003；张家其等，2014），时间跨度上既有单时间节点的研究也有时间动态研究（高崇辉等，2008）；三是应用领域的扩展，如能源消耗、交通、旅游、国际贸易、消费品、森林等领域以及区域可持续发展能力、生态安全评价与环境评价等（Allan J A，1993；王耕等，2014；杨灿和朱玉林，2016；谭德明和何红渠，2016；张佳琦，2015；靳相木和柳乾坤，2017）。

2.2　相关理论

2.2.1　供需均衡理论

供需均衡是消除供给与需求之间的不适应、不平衡现象，使供应与需求相互适应，相对一致，消除供求差异，实现供需均衡。供需均衡理论最早是由亚当·斯密在 1776 年的《国民财富的性质和原因的研究》中提出的，其认为在完全竞争市场条件下，社会上所有人出于利益最大化考虑，会在"看不见的手"的调节中，实现供需均衡；之后，在大卫·李嘉图、西斯蒙第、穆勒、萨伊等学者努力下，逐渐形成了古典经济学理论。1814 年，马尔萨斯将微分法引入经济分析，之后在瓦尔拉斯、杰文斯、张伯伦、凯恩斯等学者努力下，采用边际效用理论分析供需均衡，并逐步形成了新古典经济学理论。20世纪末，科斯提出的产权理论，纳什提出的博弈论对供需均衡理论均有较大影响。在生态修复工程中，往往将生态系统服务功能看成一种商品，定价方式一般是两个地方政府或企业与政府之间的协调定价（Alixgarcia，2005；Bishop J，2002；Stefano Pagiola et al.，2002；韩德军等，2011；张郁和苏明涛，2012；刘强等，2012；吴明红和严耕，2013；付意成等，2014）。在退耕还林工程中，政府代表林地产品的需求方，农户群体是林地产品的供给方，政府为了促进退耕还林工程的实施，通过市场的方式购买土地的部分使用权（限制土地利用类型）。在交易过程中，交易双方共同决定退耕还林工程的供需均衡，补偿标准则是影响其供需均衡的重要影响因素。

2.2.2 公共物品理论

公共物品是既无排他性又无消费竞争性的物品（曼昆，2017）。公共物品有狭义和广义之分，狭义的公共物品指纯公共物品；广义的公共物品包括纯公共物品和准公共物品。公共物品理论又称公共产品理论，20世纪末奥地利和意大利学者将边际效用价值论运用到财政学科研究上，论证了政府和财政在市场经济运行中的合理性、互补性，形成了公共物品理论。1919年产生的林达尔均衡是公共物品理论最早的成果之一，其认为个人对公共物品的供给水平以及它们之间的成本分配进行讨价还价，并实现讨价还价的均衡。现代公共物品理论以萨缪尔森发表的《公共支出的纯理论》和《公共支出理论的图式探讨》为标志，其认为公共物品是指每个人对某种产品的消费并不减少任何他人也对这种产品的消费，并在1969年批判了林达尔均衡理论。萨缪尔森认为每个人都有将其真正边际支付愿望予以支付的共同契机，林达尔均衡产生的公共产品供给均衡水平远低于最优水平。1973年，桑得莫发表了论文"公共产品与消费技术"，着重从消费技术角度研究了混合产品（准公共产品）。在此基础上，经马斯格雷等人的进一步研究和完善，逐步形成公共物品的两大特性，即非竞争性与非排他性（康之望，

2016）。无排他性和无消费竞争性导致了私人企业出于理性人和成本收益考虑，不会向社会提供公共物品，所以纯公共物品的最佳供给方式只能由政府来提供（刘明月，2017）。退耕还林工程产出林地产品，林地产品产生的环境效益无排他性和无消费竞争性，所以林地产品具有公共物品属性，决定了其只能由政府主导。

2.2.3　外部性理论

外部性是一个人的行为对旁观者福利的无补偿的影响（曼昆，2017）。外部性有正外部性（或称外部经济、正外部经济效应）和负外部性（或称外部不经济、负外部经济效应）之分。正外部性就是一些人的生产或消费使另一些人受益而又无法向后者收费的现象；负外部性就是一些人的生产或消费使另一些人受损而前者无法补偿后者的现象。外部性概念起源于 1890 年马歇尔发表的《经济学原理》，但并未明确提出外部性概念，而是提出了"外部经济"概念。1912 年，马歇尔的嫡传弟子庇古发表了《财富与福利》，后于1920 年更名为《福利经济学》，首次用现代经济学的方法从福利经济学的角度系统地研究了外部性问题，将研究从外部因素对企业的影响效果转向企业或居民对其他企业或居民的影响效果。1960 年，科斯发表了《社会成本问题》，在批判外部效应内部化问题的庇古税理论的过程中形成了科斯定理，他认为，解决外部性问题在明晰产权的基础上可以用市场交易形式即自愿协商替代庇古税手段。近年来，张五常对外部性理论进行批判，他认为在产权没有明确界定的情况下谈外部性问题，其概念模糊不清，应以合约理论取代外部性理论。外部性问题的关键是实现外部性问题"内部化"，政府在其中起了重要作用。政府可通过对产生负外部性的经济主体征税来限制其生产，对产生正外部性的经济主体给予补贴来鼓励其生产，进而使边际社会成本（收益）等于边际私人成本（收益），实现外部性"内部化"。但是政府干预不是实现外部性"内部化"的唯一方法，只要产权界定明确，公共物品的外部性可以通过市场机制得到有效解决（张蕾，2008；叶晗，2014）。退耕还林工程的林地产品会产生环境效益，具有正外部性；

但其又减少了耕地产品供给，存在降低粮食安全的倾向，可能有负外部性。政府为了激励林地产品供给的正外部性，愿意支付一定的补偿资金，所以形成了补偿标准。

2.2.4　地租理论

地租是土地所有者凭借土地所有权从土地使用者那里获得报酬。地租有广义和狭义之分，广义上指人们使用任何生产要素所获得的超额利润；狭义上指人们利用土地所获得的超额利润，即土地总收益扣除总成本的剩余部分。地租理论起源于1662年威廉·配第的《赋税论》和1776年亚当·斯密的《国民财富的性质和原因的研究》，其认为地租是土地收益减去成本之后的剩余。李嘉图、马尔萨斯、威斯特等学者对地租理论进行了发展，集大成者是李嘉图的《政治经济学及赋税原理》，其认为地租是由于不断增长的农业生产成本造成的，而造成成本增长的是生产扩张时生产率的下降。1871～1936年间，杰文斯、门格尔、瓦尔拉斯、马歇尔和帕累托等边际主义者将边际生产力理论引入地租理论，其中马歇尔认为地租是一种剩余和更一般的生产者剩余的一个特例，同时区分了地租和准地租以及稀缺地租和级差地租。现代租金理论认为，尽管土地的供给没有成本，但其在不同用途之间的配置却是有代价的，认为地租应由机会成本与经济租两部分组成（即地租 = 机会成本 + 经济租），机会成本等于该土地可用于另一个最佳用途时应得到的纯收益；经济租是一种超额利润，即生产要素的实际收益减去机会成本的余额（贺卫和王浣尘，2000）。卡尔·马克思的《资本论》认为，地租是土地使用者由于使用土地而缴给土地所有者的超过平均利润以上的那部分剩余价值，按照地租产生的原因和条件的不同，分为级差地租、绝对地租和垄断地租。之后地租理论一直不断地被拓宽。1826年，约翰·海因里希·冯·杜能在《孤立国同农业和国民经济的关系》中提出竞租理论，认为不同作物的收益不同，所以其可支付的地租不同，因此不同作物将选择适合自身的市场区位来种植（康琪雪，2008；叶欠等，2011；刘涛等，2014；邓羽，2015；王恒博等，2016）。1912年约瑟夫·熊彼特在《经济发展理论》中认为国民经济中的创新产生新事物，形成租金，随着社会对新事物的集中，租金又会自动消失（贺卫和王浣尘，2000）。退耕还林工程的基本思路是以改善生态环境为目的，给予利益受损者适当的经济补偿，激励其改变原有的土地利用类型，调整农户土地利用结构，优化配置稀缺的土地资源，农户会在可供选择的土地利用类型中选择收益更高的土地利用类型（王恒博等，2016）。

2.2.5 资源禀赋理论

资源禀赋又称为要素禀赋，指一国拥有的各种生产要素，包括劳动力、资本、土地、技术、管理等方面。资源禀赋理论又称赫克歇尔—俄林理论（即 H－O 理论），其以要素分布为客观基础，强调各个国家和地区不同要素禀赋和不同商品的不同生产函数对贸易产生的决定性作用。1933 年，俄林出版了《区域贸易和国际贸易》，批判地继承了大卫·李嘉图的比较成本说，其认为只用劳动支出因素差异来解释国际贸易是片面的，应该还有资本、土地、技术等生产要素，各国产品成本不同，必须同时考虑到各个生产要素。1947 年，瓦西里·里昂惕夫对美国贸易研究发现，美国的出口品是相对劳动密集的，而它的进口品则是相对资本密集的，得到与赫克歇尔—俄林定理预期完全相反的结论，之后经济学家对此提出了四方面解释：生产要素密集型逆转；关税和政府的其他贸易壁垒；技能和人力资源不同；其他自然资源不同。1941 年，保罗·萨缪尔森和 W·斯托尔佩提出，保护性关税无论从绝对意义上还是从相对意义上都有利于相对稀缺的要素，证明在一般均衡框架中，李嘉图模型和俄林模型都只看作是特例，前者根据给定的要素价格论证商品价格问题，后者则反过来从给定的商品价格出发，论证要素价格问题。学者们认为，应根据各地自然生态条件的不同实行分区分级的补偿标准，从而在相对平衡的基础上调动各地农民参与退耕还林的积极性；不同补偿标准下，农户将依据土地资源禀赋选择退耕还林的次序（B C Murray & R C Abt，2001；R Sierra & E Russman，2006；李世东和吴转颖，2002；支玲等，2004；Amacher G et al.，2008；孔凡斌和陈建成，2009；张眉和刘伟平，2010；谭秋成，2012）。

2.3 供给侧：农户林地供给理论依据

2.3.1 农户个体土地利用类型决策机理

在退耕还林工程政策下，农户面临四种作物经营类型选项：生态林建设；经济林建设；退耕还草建设；继续农田耕作（王恒博等，2016）。为了使问题简化，在不考虑其他影响因素的情况下，农户个体只能在耕地和林地两种土地经营类型中选择，这不影响多种土地经营类型情况下研究结论的正确性。因为农户个体可以经营的土地面积是一定的，所以存在农户土地经营可能性边界（见图2-1）。

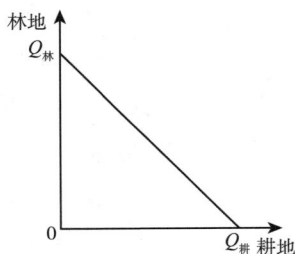

图2-1 农户土地经营可能性边界

如图2-1所示，农户可以将其经营的土地全部配置为林地，也可以全部配置为耕地，或者按照不同的林地和耕地比例进行组合配置。然而，随着某种土地利用类型配置的增加，其边际收益会逐渐递减。即如果农户配置的耕地越来越多，则耕地的边际收益越来越少；相应地，随着农户配置的林地越来越少，则林地的比较收益将会越来越大。因此，农户为了总收益的最大化，会在林地和耕地之间自主配置土地利用类型。

如图2-2所示，农户如果将经营的全部土地选择为某一种土地利用类型（$Q_{林1}$ 或 $Q_{耕1}$）均得不到最大的土地收益，而将林地与耕地有效配置后，将在 A 点处获得总收益的最大值 TR_{max}，此时林地和耕地的边际收益相等，即

$MR_{\text{林}} = MR_{\text{耕}} \geq 0$。林地与耕地的边际收益相等时，林地不会向耕地转化，耕地也不会向林地转化，林地数量与耕地数量达到动态平衡。而且其边际收益应大于等于零，如果边际收益小于零，则农户宁愿撂荒土地，也不会对林地或耕地进行投入。

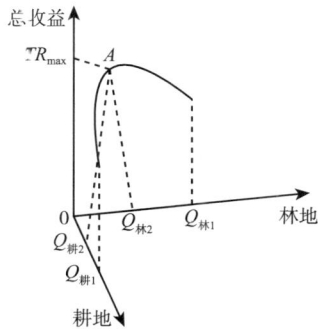

图 2-2 农户土地收益曲线

2.3.2 农户个体林地供给决策机理

在分析了农户土地经营可能性边界及农户个体林地和耕地配置的决策机理后，笔者着重研究农户个体林地供给的决策机理。假定农户个体是理性人，其目标是追求利润的最大化。为了追求利润最大化，农户个体决策土地利用类型的配置，并通过林地供给实现市场的生态修复工程目标。

在生态修复工程中，农户个体数量众多，其提供的林地产品大体上也相同，而且可以自由选择是否参与生态修复工程，农户个体的行为对林地市场价格的影响可以忽略不计。每一个农户个体都可以把林地市场的价格作为既定的，农户个体是林地市场价格的接受者。因此得到农户个体的林地供给决策分析图（见图 2-3）。

如图 2-3 所示，农户个体的林地边际成本曲线（MC）向右上方倾斜；平均总成本曲线（ATC）是 U 形的；边际成本曲线与平均总成本曲线相交于平均总成本曲线的最低点。由于农户个体相对于林地需求市场是完全的价格接受者，因此其市场价格（P）是一条水平线，无论农户供给多少林地，其

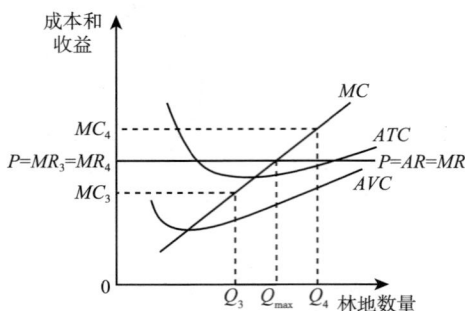

图 2 - 3　农户个体的林地决策分析

林地供给价格既等于其平均收益（AR），又等于其边际收益（MR）。

在此基础上，可以找出使农户个体利润最大化的林地数量。设想农户个体的林地数量为 Q_3，边际收益曲线在边际成本曲线之上，表明边际收益大于边际成本。那么如果农户再提供一个单位的林地供给，增加的收益（MR_3）将大于增加的成本（MC_3）。利润等于总收益减总成本，所以利润会增加。因此，边际收益大于边际成本时，正如在 Q_3 时的情形，农户会通过增加林地的投入来增加总利润。

相似的推论也适用于林地供给量为 Q_4 时的情形。在这种情况下，边际成本曲线在边际收益曲线之上，说明边际成本大于边际收益。如果农户减少一个单位的林地供给，节约的成本（MC_4）将大于失去的收益（MR_4）。因此，如果边际收益小于边际成本，正如在 Q_4 时的情形，农户个体就可以通过减少林地数量来增加利润。

无论农户从低林地数量水平（例如 Q_3）开始，还是从高林地数量水平（例如 Q_4）开始，农户最终都要调整到 $Q_{\max}$ 为止。由此可以得到在竞争市场情况下，农户个体为了利润最大化，会决定向市场供给的林地数量。由于农户是林地市场的价格接受者，所以其林地数量的边际收益等于市场价格。农户通过观察价格与边际成本曲线的交点来找出使利润最大化的林地数量 $Q_{\max}$。

假设由于市场需求增加，林地市场的价格上升了，图 2 - 4 表明了农户个体对价格上升做出的反应。当价格为 P_5 时，农户的林地数量为 Q_5，Q_5 是使边际成本等于价格的产量。当价格上升为 P_6 时，农户可以发现：在原来的林地供给时，现在农户的边际收益大于边际成本，因此农户会增加林地数量。新得利润的最大化林地数量是 Q_6，此时边际成本等于新的更高的价格。本质上，农户林地的边际成本决定了农户在任何一种价格时愿意供给的林地数量，因此林地的边际成本曲线也是竞争市场中农户的林地供给曲线。

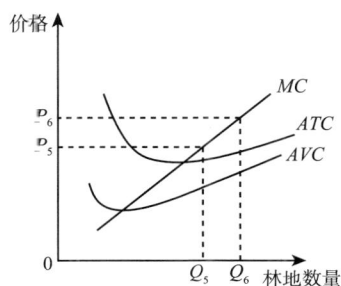

图 2-4　农户个体的林地供给曲线

2.3.3　农户个体的林地供给决策

2.3.3.1　短期决策

农户个体在决策林地供给时有时不得不考虑暂时减少林地数量或者长期退出林地市场问题。因此，需要区分农户短期撂荒和长期退出林地市场的决策。

短期撂荒是指由于当前的市场条件而在某个特定时期不投入林地生产的决策。长期退出是指退出林地市场，将林地转化为其他土地利用类型的长期决策。短期撂荒和长期退出不同，因为农户在短期内无法避开林地的固定成本，而在长期可以避开。短期撂荒的农户可以节省可变成本，但仍然必须支付固定成本（土地机会成本等）；而长期退出的农户既不需要支付可变成本，又不需要支付固定成本。如果农户决定不投入林地生产，林地将被撂荒，那么农户就无法弥补土地的固定成本（机会成本等）。农户做出短期撂荒决策时，就不得不承担土地的固定成本变为沉没成本。与此相比，如果做出长期退出决策时，农户退出林地供给，改变土地利用类型，则土地固定成本就没有沉没。

那么，农户考虑短期撂荒决策的原因是什么？如果农户短期撂荒林地，就失去或削弱了出售林地产品的全部收益，同时节省了生产产品的可变成本，但仍需支付固定成本。因此，如果林地能得到的收益小于其可变成本，则农户就会短期撂荒。农户个体的林地短期供给曲线表明了这种情况，如图 2-5 所示。

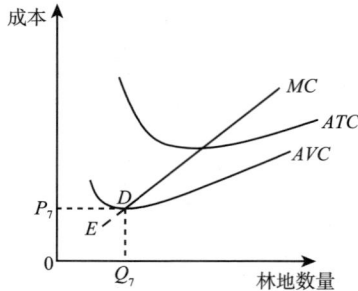

图 2-5　农户个体的林地短期供给曲线

假设 $TR_{林}$ 代表林地总收益，$VC_{林}$ 代表林地的可变成本，那么农户的决策可以写为：

$$如果\ TR_{林} < VC_{林}，则农户停止经营\qquad(2-1)$$

如果林地总收益小于其可变成本，农户就会选择停止经营林地，而撂荒土地。如果式（2-1）中不等式两边同除以林地数量 $Q_{林}$，则可以得到：

$$如果\ TR_{林}/Q_{林} < VC_{林}/Q_{林}，则农户停止经营\qquad(2-2)$$

式（2-2）中的 $TR_{林}/Q_{林}$ 就是林地总收益 $P_{林} \times Q_{林}$ 除以林地数量 $Q_{林}$，即林地的平均收益，可以用价格 $P_{林}$ 来表示。式（2-2）中的 $VC_{林}/Q_{林}$ 是林地的平均可变成本 AVC。因此，农户停止经营林地的决策标准变为：

$$如果\ P_{林} < AVC_{林}，则农户停止经营\qquad(2-3)$$

这个标准的意义是：在选择是否继续林地经营时，农户会比较单位面积的林地市场价格与维持单位面积林地必定引起的平均可变成本。如果林地价格不足以弥补其平均可变成本，则农户会停止经营林地。农户将损失一些钱（必须承担的林地固定成本），但如果继续经营，损失的钱会更多。如果将来条件改变，使得单位林地价格大于维持林地的平均可变成本，则农户会重新经营土地。

由此可得到农户在竞争市场条件下的短期利润最大化策略。如果农户经营林地，那么他将维持边际成本等于市场价格的数量，这个单位面积林地的价格对于农户来说是既定的。但如果单位面积林地价格低于其平均可变成本，则农户停止经营林地。所以，农户的林地短期供给曲线是林地边际成本曲线位于其平均可变成本曲线之上的部分。

2.3.3.2　长期决策

相似地，如果农户决策长期退出竞争市场，则将失去他从林地中得到的全部收益，同时不仅节省了用于经营林地的可变成本，而且还节省了固定成本。因此，如果从林地经营中得到的收益小于其总成本，那么农户就应退出林地市场。因此有农户个体的林地长期供给曲线，如图 2 - 6 所示。

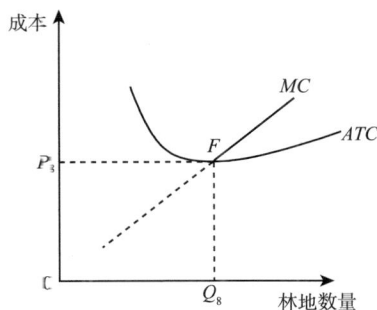

图 2 - 6　农户个体的林地长期供给曲线

如果 $TR_{林}$ 代表总收益，$TC_{林}$ 代表总成本，那么农户退出林地经营的决策标准为：

$$如果 \ TR_{林} < TC_{林}，则农户退出市场 \qquad (2 - 4)$$

如果林地总收益小于林地总成本，农户就退出林地市场，不经营林地。对式（2 - 4）中不等式两边同除以林地数量 $Q_{林}$，则有：

$$如果 \ TR_{林}/Q_{林} < TC_{林}/Q_{林}，则农户退出市场 \qquad (2 - 5)$$

其中 $TR_{林}/Q_{林}$ 是林地的平均收益，它等于林地价格 $P_{林}$，而 $TC_{林}/Q_{林}$ 是林地平均总成本 $ATC_{林}$，因此农户退出林地市场的决策标准为：

$$如果\ P_{林} < ATC_{林}，则农户退出市场 \qquad (2-6)$$

这就是说，如果单位面积林地价格小于维持单位面积的平均总成本，则农户就退出林地经营。

相应地，如果单位林地价格 $P_{林}$ 大于维持单位面积林地的平均总成本，则农户选择进入林地市场，其决策标准为：

$$如果\ P_{林} > ATC_{林}，则农户进入市场 \qquad (2-7)$$

在竞争市场条件下，农户林地的长期利润最大化策略是：边际成本等于林地市场价格的林地供给数量。但如果林地市场价格低于其林地数量的平均总成本，则农户会选择退出（或不进入）林地市场。在竞争市场条件下，农户长期林地供给曲线是边际成本曲线位于平均成本曲线之上的部分。

2.3.4 农户群体的林地供给决策

以上考察了农户个体的短期和长期的林地供给决策及供给曲线，下面讨论农户群体的林地供给曲线。需要考虑两种情况：第一，考察有固定数量农户的市场；第二，考察农户数量会随着农户退出和新农户的加入而变动的市场。这两种情况分别适用于短期和长期两种特定的时间范围。在短期中，农户进入和退出林地市场是比较困难的，因此农户数量固定的假设是合适的。但在长期中，农户数量可以随着林地市场条件变动而调整。

2.3.4.1 短期：有固定数量农户的林地市场供给曲线

如果考虑有 10000 个相同农户的林地市场。在任意一种既定价格时，每个农户供给的林地都是使其边际成本等于林地市场价格的数量，如图 2-7（a）所示，这就是说，只要林地市场价格高于林地平均可变成本，每个农户的林地边际成本曲线就是其林地供给曲线。林地市场供给量等于 10000 个农户的林地供给量之和。因此，林地市场的供给曲线就是每个农户的林地供给量相加,如图 2 - 7 (b) 所示。

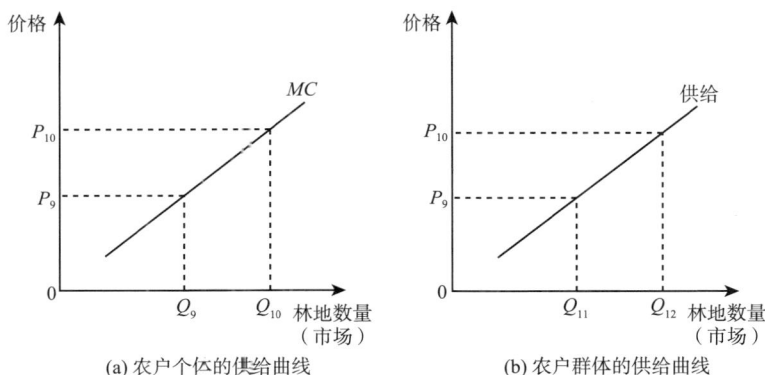

(a) 农户个体的供给曲线   (b) 农户群体的供给曲线

图 2 - 7 短期农户群体的林地供给曲线

2.3.4.2 长期:农户自由进入与退出林地市场的供给曲线

下面考虑农户能够自由进入或退出林地市场的情况。长期来看,如果农户个体能够自由进入或退出林地市场,并且可以产出同样的林地产品,则所有农户和潜在的农户都有同样的林地成本曲线。

进入与退出林地供给市场的决策取决于现有农户个体和可以进入的新农户所面临的激励。如果市场上现有农户盈利,新农户就有进入市场的激励。这种进入将增加林地供给数量,并使单位林地市场价格下降,利润减少。相反地,如果市场上的农户有亏损,那么现有农户将退出林地市场。他们的退出将减少林地供给数量,并使单位林地市场价格上升,利润增加。在这种进入和退出过程结束后,仍然留在林地市场的农户利润必定为零。

农户林地的利润公式为:

$$\pi_林 = (P_林 - ATC_林) \times Q_林 \qquad (2-8)$$

式 (2-8) 表明,当且仅当单位面积林地市场价格等于其平均总成本时,农户个体的林地经营才是零利润。如果林地市场价格高于其平均总成本,利润是正的,就会吸引新农户进入林地市场;如果林地市场价格低于其平均总成本,利润是负的,就会导致农户退出林地市场。只有当林地市场价格与平均总成本被推向相等时，进入与退出过程才会停止。

于是可以得到：农户个体选择林地市场价格等于其边际成本的林地数量来使林地利润最大化；自由进入与退出的力量驱使林地市场价格等于其平均总成本，那么边际成本与平均总成本必须相等。只有当农户是在林地平均总成本最低点经营时，林地边际成本和平均总成本才相等。同时，林地平均总成本最低的林地供给数量也是农户的有效规模。因此，在可以自由进入和退出的竞争市场的长期均衡中，农户林地供给数量一定是在其有效规模上经营。

图 2-8（a）表示农户个体处于长期均衡中，林地市场价格 $P_{林}$ 等于林地边际成本 $MC_{林}$，因此该农户个体实现了利润最大化。林地市场价格 $P_{林}$ 等于其平均总成本 $ATC_{林}$，因此利润是零。新农户没有进入市场的激励，现有农户也没有退出市场的激励。

根据对农户个体行为的分析，可以确定林地市场长期供给曲线。在可以自由进入与退出的市场上，林地市场价格与零利润一致，即等于其最低平均总成本的林地市场价格。因此，长期林地市场供给曲线必然是这个林地市场价格的水平线，如图 2-8（b）所示。任何高于这种水平的林地市场价格都会引起利润，导致新农户的进入，并增加林地的供给数量；任何低于这种林地市场价格都会引起亏损，导致农户的退出，并减少林地供给数量。最终，市场中的农户林地供给数量会自发调整，以使林地市场价格等于其最低平均总成本。

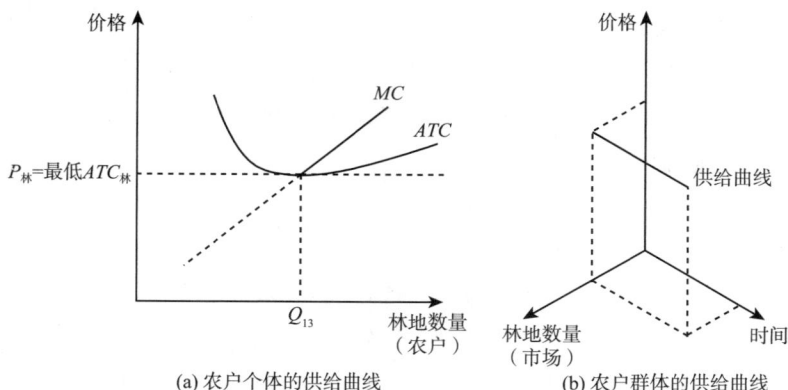

(a) 农户个体的供给曲线　　　　　(b) 农户群体的供给曲线

图 2-8　长期农户群体的林地供给曲线

事实上，有两个原因使长期的林地市场供给曲线向右上方倾斜。第一个原因是土地作为一种稀缺资源，随着林地供给的增加，其边际成本越来越高，边际收益越来越低，因此不可能在农户成本不升高的情况下增加林地供给，这就意味着价格要上升。结果，即使农户可以自由进出林地市场，其长期供给曲线也向右上方倾斜。第二个原因是不同农户的林地边际成本不一。林地边际成本不一的原因可能有两个：一是农户个体的异质性；二是农户个体时间的机会成本不同。在任何一种既定林地市场价格下，那些林地边际成本低的人都比那些林地边际成本高的人更有可能进入市场。为了增加林地供给，就必须鼓励新农户进入市场。由于新农户进入市场的边际成本较高，要使这些人进入林地市场有利可图，价格就必须上升。因此，即使林地市场是可以自由进入的情况下，林地的长期供给曲线也向上方倾斜（见图 2－9）。

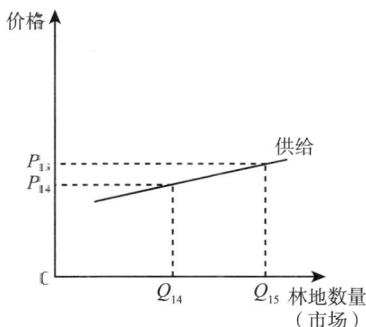

图 2－9　长期林地市场供给曲线

由于以上两个原因，要引致更大的林地供给数量，较高的林地市场价格是必要的，在这种情况下，林地市场上长期供给曲线会向右上方倾斜，而不是水平的。由于农户在长期中比在短期中更容易进入或退出林地市场，所以长期供给曲线比短期供给曲线更富弹性。

2.4　需求侧：政府退耕还林工程理论依据

政府是生态效益需求方的代表，退耕还林工程的推动者，其追求生态效益的同时会控制成本支出。首先，需要对区域生态承载力进行评价。其次，在区域生态承载力评价的基础上，考虑自然社会等因素，确定退耕还林工程的需求目标。最后，在退耕还林工程供需均衡的基础上确定退耕还林工程的补偿标准。

2.4.1 区域生态承载力评价

为了评价区域生态承载力，尝试采用生态足迹—服务价值法。生态服务价值法是 1997 年科斯坦萨等基于土地利用覆被面积及其服务单价核算区域生态服务价值的研究方法，国内学者谢高地等进一步提出了中国陆地单位面积生态系统服务价值当量、地区修正系数等（谢高地等，2015）。生态服务价值法以生态经济学、环境和自然资源经济学为基础，改进了生态足迹法中以固定的均衡因子与产量因子转化为"虚拟面积"核算生态系统供给的不足，利用时空转换因子来因地制宜、客观地反映生态系统供给的价值量。生态足迹法对生态系统的需求通常是核算人类活动消费的生物资源和化石能源所需要的"虚拟面积"（徐中民等，2006），若将其转化为价值量则能反映人类活动对生态系统需求的价值量。将两种研究方法相结合，采取通用的价值量（资金）为核算单位，则会使生态承载力评价研究更加恰当客观和统一通用。基于此，笔者构建了以价值量（资金）为单位的生态足迹—服务价值法的生态承载力分析框架（见图 2 – 10）。

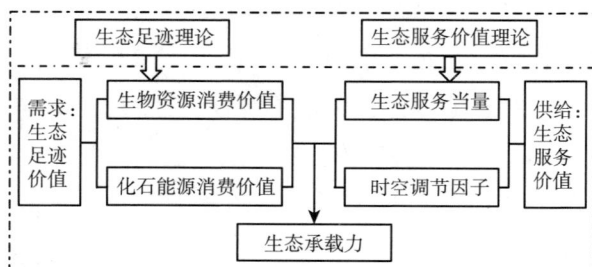

图 2 – 10　生态承载力评价分析框架

生态足迹—服务价值法中生态系统的需求由生物资源消费和化石能源消

费构成，其中生物资源消费包括农林牧渔等产品价值，化石能源消费包括煤、石油、天然气、电力等产品价值（田玲玲等，2016；孙艺杰等，2017）；生态系统的供给由各类生态子系统服务当量与时空调节因子核算生态系统的生态服务价值。通过生态足迹价值和生态服务价值的比值表征生态承载力指数。

2.4.2　政府林地需求量目标

2015 年中国颁布了《生态文明体制改革总体方案》，提出了人口、经济、资源环境平衡发展的目标，2017 年中国共产党第十九次全国代表大会报告指出，要建设人与自然和谐共生的现代化，要提供更多优质生态产品以满足人民日益增长的优美生态环境需要。也就是说，政府对于林地的需求量不仅要与社会经济发展状况相平衡，而且要逐步改善。基于此，通过上文生态承载力评价分析，可以估算出不同时期政府对于林地的需求量，这是林地需求量目标的下限；同时还应参照社会经济发展水平，适当提高林地需求量目标。

2.4.3　政府需求对林地价格的影响

基于前面部分分析的结果，农户为了收益最大化，会自主配置所经营的土地资源。在没有政府退耕还林工程需求的情况下，形成林地供给。随着生态服务价值需求的增加，政府参与到林地市场中，由于政府的强大执行力和大量的林地资源需求，使得政府在林地市场拥有强大的市场势力，影响市场价格（补偿标准的定价权）。

退耕还林工程中的耕地转化为林地，归根结底是农户土地使用权的租赁。政府希望通过退耕还林补偿推动农户调整土地资源配置，增加林地供给，即政府租赁农户土地的使用权，为此农户要放弃耕地收益，在得到林地收益的同时，可以得到政府额外支付的林地补偿。

土地使用权变更的起点是政府与农户之间对耕地转化为林地价值的评价不同，出现一个增值的区间"Δ"。若政府与农户经由合约的形式达成，交易的双方便可以分享这个增值区间。对于这个增值区间"Δ"而言，预期为正，但存在为负的可能性。

首先，分析农户耕地转化为林地补偿的上限和下限（见图2-11）。假设政府与农户确定自身出价的费用为零，则上限受可替代林地资源的价格影响，若有更多的选择，政府将压低 P_2；若林地市场价格低于农户将耕地转化为林地的成本，则农户将放弃耕地转化为林地的补偿激励，而维持耕地。于是有耕地转化为林地的补偿标准的上限与下限，其上限与下限框定了"Δ"的幅度。

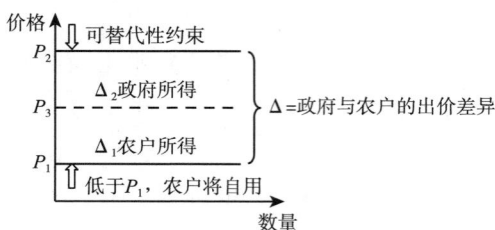

图2-11 土地使用权流转的增值空间结构分解

对政府与农户的退耕还林补偿标准的交易内部进行分析。退耕还林工程中，政府与农户达成合约是要追求政府的成本最小化和农户的收益最大化，于是补偿标准"Δ"需要进行分配，以改进农户土地资源使用效率，提升农户收入水平。

增值"Δ"分配的比例。在增值"Δ"分配环节，分配比例取决于供给者与需求者的竞争强弱程度。政府与农户的补偿差异受竞争的影响，由于农户众多，而政府只有一个，显然政府有较大市场势力，农户争相向政府出让土地使用权的供给力量更强，政府取得的 Δ_2 更大。因此，正如张五常在《佃农理论》中所论证的一样（2000），如果农户参与退耕还林工程的所得低于其成本，则农户会选择维持耕地，这也就是政府推动农户参与退耕还林工程的最低地块面积的边界。其均衡价格等于农户的林地的边际成本（焦永利和叶裕民，2014）。

退耕还林工程中，政府是林地的唯一需求者，众多农户个体是林地的供给者，因此政府对林地补偿标准拥有定价权，其为了使成本最小化会压低林地补偿，而农户为了参与退耕还林工程可能降低边际成本（见图2-12）。

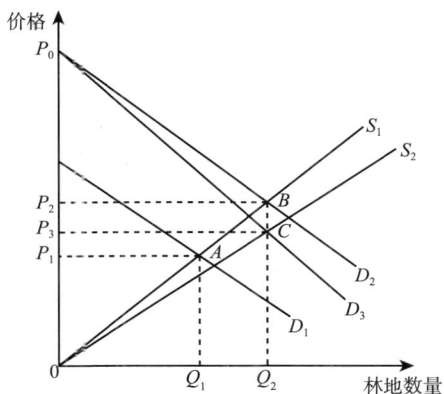

图 2-12　退耕还林工程林地供需均衡曲线

如图 2-12 所示，未启动退耕还林工程的初始状态，农户按照市场需求配置土地资源，形成初始的林地供给曲线 S_1，此时与市场需求曲线 D_1 相交于 A 点，表明在 A 点形成未受退耕还林工程影响的初始供需均衡，P_1 为初始均衡市场价格。

随着退耕还林工程的启动，政府参与到林地市场竞争，这个额外的林地需求使得林地市场的需求大幅增加，形成了新的林地需求曲线 D_2，P_2 为完全市场竞争情况下新的均衡市场价格。由于在退耕还林工程中，政府是唯一买方，其享有市场势力，形成该工程补偿标准的定价权。在市场势力的作用下，政府为了降低退耕还林工程成本，自然会压低退耕还林工程的补偿标准，形成新的买方垄断市场价格 P_3。

农户为了参与退耕还林工程，会调整供给曲线，适应退耕还林工程对林地的市场价格的影响，形成最终的市场均衡价格 P_3。农户适应降低的林地市场均衡价格，可能有两方面原因：第一个原因是林地预期规模效益的产生，增加了林地边际收益；第二个原因是林地供给增加，相对耕地减少劳动量投入，农户通过外出务工、发展其他产业等方式增加机会收益。

2.5　构建理论框架

退耕还林工程作为生态修复工程的重要组成部分，其基本思路是以改善生态环境为目的，给予利益受损者适当的经济补偿，激励其改变原有的土地利用类型，调整农户土地利用结构，优化配置稀缺的土地资源（王恒博等，2016）。其本质是林地产品的公共物品属性使得其只能由政府主导实施；林地产品环境效益的正外部性，促使政府为了激励正外部性的提升，愿意支付一定的补偿资金；政府为了促进退耕还林工程的实施，通过市场的方式购买土地的部分使用权（限制土地利用类型）。在交易过程中，交易双方（农户个体和政府）考虑土地的资源禀赋状况和环境效益价值，共同决定退耕还林工程的供需均衡价格、数量和补偿标准。基于此，可以得到退耕还林工程补偿标准的理论框架（见图 2 - 13）。

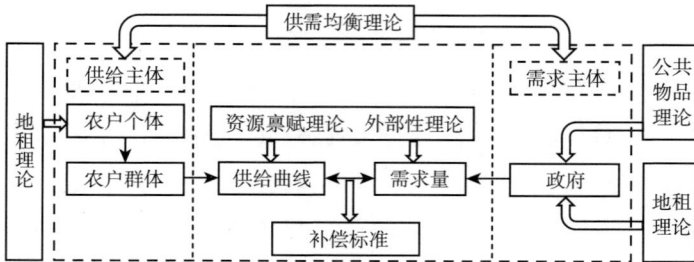

图 2 - 13　退耕还林工程补偿标准的理论框架

2.6　本章小结

本章首先对退耕还林工程、退耕农户、生态承载力、生态服务价值、生态足迹价值等概念进行了界定，明确了本书研究的范围；其次，结合供需均衡理论、公共物品理论、外部性理论、地租理论、资源禀赋理论等对退耕还林工程的本质进行了分析；之后，从供给侧分析了农户个体的林地供给决策机理和农户群体的林地供给曲线，从需求侧分析了政府的林地需求量及市场势力对价格的影响；最终，形成了退耕还林工程补偿标准的理论框架。

第3章 退耕还林工程补偿历程、现状与面临的问题

结合上一章退耕还林工程补偿标准的理论框架，本章将回顾国内外生态修复工程及我国退耕还林工程的历程，梳理我国退耕还林工程的现状，对退耕还林工程进行总结，分析陕西省退耕还林工程中存在的问题，为进一步研究基于供需均衡视角的退耕还林工程补偿标准提供相关依据。

3.1 国内外生态修复工程补偿的历程

3.1.1 国外生态修复工程补偿历程

3.1.1.1 国外生态修复工程补偿概述

从世界范围看，生态补偿的概念为中国特有，在国外相类似的概念是"生态系统服务付费"（payment for ecosystem services，PES）。18世纪时，古典经济学家就关注到土地、矿产、鱼类等自然资本，其中马尔萨斯（1853）在《政治经济学原理》中有较为深入的论述。最初，自然资本是免费提供的，所以学者对于自然资本的研究仅侧重于其使用价值。直到20世纪70年代，西方国家才逐渐认识到空气、水和野生动物等的货币价值，韦斯特曼（Westman，1977）称其为"自然服务"，埃利希（Ehrlich，1982）称其为"生态系统服务功能"，并逐步形成自然资源提供社会公平的决策基础。随后到20世

纪90年代，受到贝耶尔研究所（Beijer Institute）生物多样性项目研究的影响，学界开始了一系列关于生态服务（ES）的研究议题，其中科斯坦萨等（1998）论述了全球范围内17种自然资本和生态系统服务的总经济价值，强调了生态系统服务在社会经济中的重要作用，被称为生态系统服务主流研究的里程碑（李国平和石涵予，2015）。

进入21世纪，生态系统服务付费逐渐从理论研究发展到政策制定、管理实践和保护环境与社会经济的可持续发展等领域，例如：全球生物多样性评估（Global Biodiversity Assessment）中采用了生态系统方法（Ecosystem Approach），千年生态系统评估（Millennium Ecosystem Assessment，MEA）采用该方法综合评估了人类对自然资源的影响，提升了生态系统服务对各国政策的影响（Millennium Ecosystem Assessment，2005）。生态系统服务付费是自然资源管理方法，通过自然资源的有效保护和合理开发利用，达到人类社会与自然资源的可持续发展。随着对生态系统服务付费的深入研究，生态系统服务的交换价值的重要性逐渐凸显，管理和交易生态系统服务的机制逐渐建立，通过评估和比较不同情境下土地、森林、水等自然资源的生态系统服务的经济价值（Ooba M et al.，2010；Nelson Erik et al.，2009），建立了生态系统服务市场（MES）、生态系统服务付费机制等。

3.1.1.2 部分国家及地区典型案例研究

1. 美国

自1985年实施以来，美国CRP（Conservation Reserve Program）工程在生态环境保护和农业经济发展方面都做出了突出的贡献，到2008年止，美国的CRP工程平均每年每英亩所产生的环境效益为25～30美元不等。CRP在提高水质量、减少土壤侵蚀、保护生物多样性等方面发挥着越来越大的作用。对比美国农业部（USDA）和美国地质勘查局（USGS）的研究报告，CRP工程的经济效益和环境效益主要包括以下五个方面：①减少土壤侵蚀和保护高坡耕地25万英亩；②提高水质（包括地表水和地下水）；③湿地修复，保护3.2万英亩的湿地和农田；④改善许多野生动物栖息地；⑤提高了土地固碳能力。

然而，提供给这些农场经营者或者土地所有者的经济效益，不到他们提供环境效益的 1/4（Allen and Vandever，2003）。

超过 3/4 的 CRP 外部环境效益被社会所享用，包括城市人群饮用的清洁水、良好的空气质量等，而不是增加就业或者经济增长（Sullivan et al.，2004）。环境外部效应是美国联邦政府资助 CRP 的动力所在。政府不能提供足够的经济效益来补偿参与者的机会成本，会使大量的农场主继续从事农业生产。1990 年 53%、1993 年 63% 的 CRP 参与者表示，一旦合同到期，会重返农业生产（USDA）。有学者认为，农产品价格、相关立法规定的用地数量、土地植被类型和未来世界的供给和需求因素，是影响 CRP 用地重返农作物生产的主要因素（H. El-Osta & M. Ahearn，1996）。

当然，降低 CRP 土地数量，会增加农业、非农业的就业量，增加经济价值。与此同时，如果考虑到农产品供应量的增加，CRP 补偿取消，原 CRP 地区娱乐休闲活动带来的经济收入消失等因素，降低 CRP 土地面积带来的经济效益还剩多少呢？

2. 哥斯达黎加

哥斯达黎加的生态保护工程是领先于南美国家的，其目标是保护原始森林、修复次生林，并将退化的农田和废弃的牧场转化为森林。米尔斯和波拉斯（Mills and Porras，2002）对 PSA（Pagos de Servicios Ambientales）计划给出了一个概述，环境部门通过哥斯达黎加国家森林基金（FONAFIFO），要求政府向森林所有者和保护区经营管理者支付补偿金。支付金额根据活动类型而不同：造林 450 美元/公顷，森林保护 200 美元/公顷，农林系统 0.75 美元/棵，支付期最短 5 年。合同期满后，土地拥有者可以重新谈判支付金额，或者向他人出售所有权。该国的生态服务系统更像是在生态服务的受益者和生产者之间建立了一种合同。自 1997 年实行 PSA 工程以来，取得了不错的效益，累计为 4400 个森林修护、保护和管理的农民提供了资金补偿。在此过程中，该国在出售减排配额方面也取得了不少经验。卡斯特罗（Castro，2000）研究该国碳信用额度主要来自两个方面：一是退化农场和废弃土地向森林的转化；二是减少森林砍伐。1996 年哥斯达黎加以 10 美元/吨的价格向挪威出售 20 万吨碳减排额度。2011 年其他 8 个拉美国家以 2.9～20 美元的价格向世界银行碳基金提供信贷额度。通过这种碳交易的对冲安排，发展中国家的森林和人工林通过碳汇系统可以从其他国家获得不少的经济效益（Castro and Cordero，2003）。

3. 墨西哥

加西亚（Garcia，2011）研究了墨西哥的生态保护工程。2003～2009年期间，墨西哥将2.27万公顷的土地投入生态保护计划，这是继美国CRP、哥斯达黎加PSA工程、中国SLCP（Slope Lomd Coversion Program，SLCP）工程后的又一项世界性的生态保护工程。为实现林业的可持续发展，墨西哥实行私人经许可采伐一棵树必须种十棵树、利用林地进行学校等公共单位的建设必须种3倍林木的财政机制。由于墨西哥在防止毁林方面加大了力度，在过去十年中，净毁林的速度降低了50%以上。墨西哥规划到2020年，森林减少量降为零。

墨西哥的生态保护工程给我们提供了一些启示。①政策制定方面：要建立一个明确的目标和执行标准；建立一个关键的中介服务机构。墨西哥的CONAFOR（Comisión Nacional Forestal）作为服务中介机构，在支付结构和工程目标之间扮演着重要的角色；中间供应商、CONAFOR、最终服务提供者、合作农场必须签订一系列合同，这为保护生态环境提供了充分的激励。②融资方面：要有持续的资金来源，政府补偿不能作为主要来源，其他方式有待探索；建立信托基金，为生态保护提供资金支持，墨西哥森林基金（FFM）是一个典型的例子；创新可抵押证书，能够通过抵押贷款提供资金支持。③其他方面：将境内其他公共物品纳入生态计划，墨西哥在水文方面做得比较好；充分考虑服务损失的风险，环保计划支付的费用至少要满足土地的最低机会成本；根据不同地区森林覆盖的异质性提供额外的补偿，以预防毁林的可能性。

4. 厄瓜多尔

厄瓜多尔的博斯克计划（Socio Bosque Program）于2008年开始实行，是将国有林或者其他生态系统所生产的货币激励直接让渡给保护当地生态系统的土地拥有者或者当地社区，是一种政府授权自愿参与的生态保护方式，需要接受监督部门的定期监测。该计划实施两年时间，已经建立了超过0.5万公顷的自然生态系统，6 万多人受益（Free de Koning et al.，2011）。这为生态保护的政府授权计划提供了特例：这种政府授权的任何人都可以自愿参与的生态保护计划，一举解决了扶贫、激励和社会资本投资的问题。由于该计划直接、简单、透明，已经引起全国农户、社区的广泛参与。

无论是生态保护计划参与者条件的不足，还是制度的缺失，以及要素禀赋等先决条件造成的障碍，PES 工程的落实都不会那么顺利。因此，我们必须把握问题的本质，这样才能从根本上认识清楚。国外学者研究 PES，将问题的焦点放在 PES 如何影响农户的要素禀赋再配置或者 PES 如何改变农户的生产经营活动。这就引发了几个关键的问题：休耕计划如何使农村劳动力从农业转向非农业？农村劳动力再配置的结果是什么？这种方案的影响是否依赖于参与者的物质和人力资源禀赋？

3.1.2　国内生态修复工程补偿历程

在全球生态危机爆发的大背景下，我国的生态状况也不容乐观，面对新中国成立以来生态状况始终得不到显著改善、抵御自然灾害能力不断减弱的局面，党中央、国务院相继采取了一系列重大举措。在 1978 年，我国启动了世界上建设规模最大、将历时 73 年的三北防护林建设工程。1998 年长江、松花江、嫩江发生特大洪水后，党中央、国务院又决定实施世界上规模最大的退耕还林工程、天然林资源保护工程。到现在，全国已经实施了京津风沙源治理工程、沿海防护林工程、长江防护林工程、珠江防护林工程、平原农田防护林工程、太行山绿化工程、石漠化综合治理工程、绿色通道工程、湿地保护与恢复工程、野生动植物保护及自然保护区建设工程、三江源生态保护和建设工程、重点地区速生三产用材林基地建设工程、林业血防工程等 16 项世界级的重大生态修复工程。根据第八次全国森林资源清查数据，16 项重大生态修复工程约占国土面积的 63%，其中全国森林面积达到 31.2 亿亩，森林覆盖率由新中国成立初期的 8.6% 提高到目前的 21.63%，人工林保存面积达到 10.4 亿亩，居世界第一位。

在 16 项生态修复工程中，退耕还林工程、天然林资源保护工程、京津风沙源治理工程、长江防护林工程、珠江防护林工程、太行山绿化工程、石漠化综合治理工程、绿色通道工程、野生动植物保护及自然保护区建设工程、三江源生态保护和建设工程等采用生态修复工程补偿方式，但却在以下四个方面存在差异：在补偿对象方面，有以农户为补偿对象的，例如退耕还林工程；有以企业为补偿对象的，例如长江防护林工程。在补偿参与方式方面，有农户自愿参与的，例如退耕还林工程；有地区或企业申请项目参与的，例如野生动植物保护及自然保护区建设工程；还有政府通过招标方式遴选的，例如湿地保护与恢复工程。在补偿标准方面，有全国统一标准的，例如退耕还林工程；有各省确定补偿标准的，例如北京市的首都重点绿色通道工程；在补偿支付方面，有财政统一拨付，例如青海省实施的三江源自然保护区工程；还有分期分批拨付，例如天然林资源保护工程。

我国关于生态修复工程补偿标准的研究最早起步于 20 世纪 80 年代初，重点在森林的公益性补偿方面。20 世纪 90 年代中后期快速发展，研究范围不断扩大，逐步延伸到流域生态补偿、自然保护区建设等方面。研究视角和方法逐步丰富，洪尚群等（2001）探讨了生态补偿制度的建立；钟瑜等（2002）运用机会成本法研究了退田还湖农民的生态补偿；曹明德（2004）探讨了如何构建我国生态补偿制度；何国梅（2005）探讨了我国自然保护区的生态补偿；陈丹红（2005）研究了如何构建可持续发展的生态补偿；王欧等（2005）探讨了如何在农业领域建立生态补偿的问题；近年来，主要从草原、水环境和重点生态功能区等重点领域探讨了生态补偿（王慧杰等，2015；魏琪等，2015），对于生态补偿的研究，仍需对特定地区补偿标准深入研究。

3.2　退耕还林工程补偿历程及现状

3.2.1　退耕还林工程历程

早在 1949 年 4 月，晋西北行政公署发布的《保护与发展林木林业暂行条例（草案）》就规定：已开垦而荒芜了的林地应该还林。森林附近已开林地，如易于造林，应停止耕种而造林；林中小块农田应停耕还林。这是我国第一次正式提到退耕还林。我国自 20 世纪 70 年代开始退耕还林还草的探索。按照退耕还林的造林方式上的实践变化，结合吕粉桃（2007）的划分，将其划分为五个阶段。

第一阶段（20 世纪 70～80 年代）为营造商品林为主的退耕还林还草时期。70 年代，我国一些地方开始探索退耕还林还草工作，如重庆市武隆县 70 年代提出"基本农田加科学种田确保退耕还林"口号，先后成立了周家山、燕子背等乡办林场，大规模植树造林工程逐渐展开。这一时期的退耕还林还草有以下三个特点：一是退耕还林区域基本为高山地区，大面积水土流失严重的中低山区基本未退耕，退耕还林对抑制水土流失效果并不明显，生态效果也不显著；二是造林方式，多从木材的经济效益出发，基本上是营造以用材林为主的人工纯林，在生物保护性方面不理想；三是由于受到经济利益的驱动，有的退耕还林地块被划为"自留山""管理山"后，成片采伐林木的现象比较严重，使其重新变成荒山荒坡，或是被开垦地种植农作物和烤烟等经济作物，退后又返耕。

第二阶段（20 世纪 80～90 年代末）为营造经济林为主的退耕还林还草时期。这时期国家加大了对贫困地区的投入，把扶贫开发与生态环境建设结合起来，探索出一条新路子，农民的积极性很高。如"三北"防护林建设中坚持以植树种草治理水土流失为基础，推行"米粮下川上源、林果下沟上岔、草灌上坡下地"的退耕还林还草道路。内蒙古乌兰察布地区探索出"进一、退二、还三"的退耕还林还草模式，农民开始以市场为主导，由过去单纯营造用材林转向为营造见效快、收入高的经济林，给农民带来良好的经济效益，大批农民自觉地将部分耕地用于退耕还林还草。这一时期的退耕还林有以下三个特点：一是仍然以经济效益为主体决定退耕还林还草，而且多为农民个人决策行为，受市场影响较大，退耕不稳，一些地方曾发生大面积的挖桑现象；二是由于退耕还林还草营造的是经济林，每年需对其翻土除草等，退耕还林的水土保持作用差；三是一些退耕还林还草实行林粮间作，即在经济林下种植农作物，其水土保持等生态功能改善的效果也不明显。

第三阶段（20 世纪 90 年代末至 2008 年）为营造生态经济林为主的退耕

还林工程启动阶段。1997 年的黄河断流和 1998 年的长江洪水促使中国在长江上游和黄河中上游地区实施退耕还林还草工程，将水土保持和调整农业生产结构、扶贫以及全社会的可持续发展联系起来。首先，1997 年的黄河断流累计 267 天，创历史最高纪录，给下游的工农业重要省份山东省造成了严重的经济损失。黄河断流的原因众说纷纭，当年天旱肯定是重要原因。但一些专家指出，黄河中上游灌溉农业过度发展可能是最主要的因素。其次，1998 年的长江洪水夺去了许多生命并造成了重大损失。灾后反思，人们开始把目光转向长江中上游已遭到严重破坏的天然林资源。西南诸省纷纷宣布森林禁伐，天然林保护工程也由此启动。随后，更多的证据表明，在长江、黄河中上游的陡坡地上的农业生产活动是导致水土流失的更重要的原因。

日益严峻的生态形势引起了党中央、国务院的高度重视。1998 年洪灾之后，党中央、国务院把"封山植树，退耕还林"作为灾后重建的主要措施之一。1998 年 11 月 7 日印发的全国生态环境规划中，提出我国到 2010 年，大约用 12 年的时间退耕还林 3333 万公顷。1999 年国务院又提出"退耕还林（草）、封山绿化、个体承包、以粮代赈"的政策措施，并在四川、陕西和甘肃三省的 174 个县开展退耕还林还草试点，我国的退耕还林还草试点工程正式拉开帷幕。

2000 年 9 月，国务院又发布了《关于进一步做好退耕还林还草试点工作的若干意见》，在总结试点经验的基础上，2002 年 4 月国务院颁发了《关于进一步完善退耕还林政策措施的若干意见》，退耕还林工程涉及我国的 25 个省（区、市）和新疆建设兵团，共 2279 个县（市、区、旗）全面展开。同年 12 月国务院颁布了《退耕还林条例》，退耕还林工作真正纳入法制化轨道。2005 年 4 月 17 日，国务院办公厅发布了《关于切实搞好"五个结合"进一步巩固退耕还林成果的通知》，此时退耕还林进入白热化阶段。这一时期退耕还林工程的实施，使生态环境得到了改善，水土流失和风沙危害减轻，输入江河的泥沙量也大幅下降，与此同时，农民收入不断增加，农村产业结构也得到了调整，一些地区走上了"粮下川、林（草）上山、羊进圈"的良性发展轨道。工程的实施，产生了良好的生态经济和社会效益：一是工程区森林资源稳定增长；二是水土流失、土地沙化的面积减少；三是退耕还林工程给农民带来了收益。

这一时期与前两个阶段相比有新的特点：一是退耕还林还草作为国家生态环境保护与建设项目，具有行政行为的性质；二是明确退耕还林还草实施的对象为 25°及以上的陡坡耕地，实施的目标是恢复森林植被、改善生态环境和减少水土流失，为中国的可持续发展奠定了良好的生态基础，并制定了群众粮食补助、造林补偿及苗木补助等政策；三是明确了退耕还林还草与当地经济发展相结合，实现生态效益、经济效益和社会效益的"三赢"目标；四是坚持宜乔则乔、宜灌则灌、宜草则草的原则，使退耕还林还草达到科学设计、综合治理；五是退耕还林以营造具有生态防护效能且能产生一定经济效益为主的森林，并解决好退耕户因粮食减收而引起的生活困难，既强调工程任务的完成，又注意保护群众的积极性和自觉性。退耕还林工程的实施，结束了我国几千年来毁林开荒的历史，标志着我国由向土地索取转变为促进人与自然的和谐发展之路。

第四阶段（2008～2014 年）为退耕还林成果巩固阶段。2007 年 9 月国务院出台了《国务院关于完善退耕还林政策的通知》，不仅是为了巩固退耕还林的成果，而且考虑了农民的利益，给当地林业后续产业留下了充足的发展时间。这一时期与第三阶段相比又有新的特点：一是新增林地多为种植荒地产生，退耕林地转化基本没有；二是充分尊重农户意愿，行政行为弱化；三是随着社会经济发展，既出现了撂荒农田，又存在复垦现象。

第五阶段（2014 年至今）为退耕还林工程再启动阶段。随着补贴政策陆续到期，2012 年 9 月 19 日，国务院常务会议要求根据第二次全国土地调查结果，适当安排"十二五"时期重点生态脆弱区退耕还林任务。会议决定，自 2013 年起，适当提高巩固退耕还林成果部分项目的补偿标准。2013 年的中央一号文件也明确提出，巩固退耕还林成果，统筹安排新的退耕还林任务。然而，新一轮周期退耕还林如何接续的相关会议和文件精神至今没有落地生根，只是在四川芦山等地的灾后重建规划中安排了退耕造林任务。眼看政策陆续到期，甘肃、内蒙古、贵州、湖南、湖北、四川、重庆、云南等省份向国务院递交了重启退耕还林工作的报告。2014 年 8 月国务院出台了《新一轮退耕还林还草总体方案》，不仅将退耕还林工程范围严格限定在 25°以上非基本农田坡耕地，而且要求充分尊重农民意愿，且确保不影响农民生计，优先安排准备充分的县区，并向地震灾区等地质灾害多发地区倾斜。这标志着我国的退耕还林工程又进入了一个新的历史阶段。

3.2.2　退耕还林工程补偿现状

退耕还林工程五个阶段中后三个阶段的范围最广、影响最大，其始于1999年。根据国家发展和改革委员会网站公布信息，截至2015年7月，我国已累计在25个省（区、市）投入4056.6亿元用于退耕还林工程建设，共完成退耕林地造林1.39亿亩、配套荒山荒地造林和封山育林3.09亿亩，涉及3200万户、1.24亿人。因其政策性强、涉及面广、投入量多、参与度高的特点，而成为迄今为止世界上最大的生态建设工程，受到世界各国的广泛关注。

后三个阶段的退耕还林工程补偿标准如表3-1所示。

表3-1　　　　退耕还林工程分阶段补偿标准

实施阶段	国家政策文件	黄河流域及北方地区	长江流域及南方地区
第三阶段：启动	2000年《国务院关于进一步做好退耕还林还草试点工作的若干意见》	粮食：100千克/（亩·年）生活补助：20元/（亩·年）种苗造林补助：50元/亩	粮食：150千克/（亩·年）生活补助：20元/（亩·年）种苗造林补助：50元/亩
		补助年限：还生态林8年，还经济林5年，还草2年	
	2004年《国务院办公厅关于完善退耕还林粮食补助办法的通知》	现金：160元/（亩·年）种苗造林补助：50元/亩	现金：230元/（亩·年）种苗造林补助：50元/亩
		补助年限：还生态林8年，还经济林5年，还草2年	
第四阶段：成果巩固	2007年《国务院关于完善退耕还林政策的通知》	现金：70元/（亩·年）生活补助：20元/（亩·年）	现金：105元/（亩·年）生活补助：20元/（亩·年）
		补助年限：还生态林8年，还经济林5年，还草2年	
第五阶段：再启动	2014年《新一轮退耕还林还草总体方案》	退耕还林：共补助1500元/亩，第一年800元（包含300元种苗造林费）、第三年300元、第五年400元；退耕还草：共补助800元/亩，第一年500元（包含120元种苗种草费）、第三年300元	

如表3-1所示，退耕还林工程的补偿标准在启动阶段高于成果巩固阶段，再启动阶段最高。启动阶段是以粮食补助为主，主要是考虑到当时粮食

部门的库存积压和潜在亏损挂账增加，为了激励农户参与退耕还林工程的同时，降低粮食库存积压和潜在亏损挂账，国家采用了粮食补助为主的形式。成果巩固阶段，国家为了巩固启动阶段的成果，全面暂停了新增退耕还林任务，并在启动阶段补偿期满后对退耕农户再提供了一轮现金补偿，但补偿标准适当降低了。再启动阶段，退耕还林工程的补偿标准不再区分北方地区和南方地区，其原因主要是考虑了北方地区参与退耕还林工程的地块的农业收益普遍较低，但造林成本却较高；而南方地区退耕还林工程的地块的农业收益较高，但造林成本相对较低，所以在综合考虑下采用了南北方地区实行统一补偿标准的政策（李国平和石涵予 2015）。

3.3　退耕还林工程补偿面临的问题

退耕还林工程启动以来，虽然取得了世界瞩目的成绩，发挥了巨大的生态功能效益，但是在退耕还林工程补偿的实施过程中仍然存在一些问题，主要表现在以下几个方面。

3.3.1　退耕扩大与复耕抬头并存

退耕还林工程退耕面积进一步扩大。根据《中国林业统计年鉴》，退耕还林工程中退耕林地造林面积从 1999 年启动时的 32.84 万公顷，逐年增加到 2003 年顶峰时的 308.59 万公顷，之后逐年减少，到 2011 年仅为 59 万公顷，但荒山荒地造林面积有所增加。2014 年启动新一轮退耕还林工程，退耕林地造林面积有所增加。

与此同时，个别地方退耕还林工程存在复耕抬头现象。随着国家粮食直补标准的提高和粮食价格的上涨，种粮的比较效益提高，种粮补贴超过了退耕还林一期工程第二轮兑现给退耕户的补偿，多数地方每亩耕地每年仅粮食直补就达到 150 元左右，加上粮食销售，其收益远高于退耕还林补偿。有的地方开展农地集约经营，农户将耕地出租给农业经营大户，每亩耕地年租赁费收入可达 500 元左右。由于退耕还林比较效益丧失，加剧了林农矛盾，加之个别地方政策执行不严，管理不到位，导致复耕，以及有些退耕农户不愿再申领补贴，以求终止合同的问题，增加了成果巩固的难度。国家林业局《2008—2014 年全国退耕还林工程退耕地还林阶段验收工作总报告》指出，根据省级全面检查验收结果统计，复耕现象比较突出的是广西、新疆、黑龙江和天津，其复耕面积分别为 30359.8 亩、15452.2 亩、1745.1 亩和 844.9亩。以广西为例，2005 年全区生态林保存面积中变更面积比例为 13.0%，变更面积中有 19.4% 的面积是因复耕而变更，有 34.1% 的面积是因原退耕户中止继续履约而对原有退耕林地块进行调整。此外，根据国家级重点抽查验收结果统计，复耕面积达 11886.8 亩，占重点核查验收未保存总面积的 5.2%，复耕面积涉及 23 个省区市。

退耕还林工程中退耕林地面积进一步扩大与复耕抬头现象同时出现，表明农户对参与退耕还林工程的决策存在差异，其决策机理需要深入研究和探讨。

3.3.2 补偿标准统一化与区域异质性矛盾

退耕还林工程补偿标准在启动阶段以黄河流域及北方地区、长江流域及南方地区分标准执行，之后在成果巩固阶段依然按照上一阶段的区域补偿标准折半执行，最后在再启动阶段不再区分地域，而是按照全国统一的标准执行，忽视了区域的异质性。

现有文献对农户参与退耕还林工程的研究表明，区域异质性对其影响较大。影响农户参与退耕还林工程的影响因素还有非农业收入、替代农产品收入等（Wang & Maclaren，2012）。喻永红（2015）发现农户参与退耕还林的决策受家庭劳动力数、家庭收入等因素显著影响。任林静等（2013）发现复耕意愿除了由成本—收益影响，还受退耕林地特征、区域经济发展情况等因素的影响。朱长宁（2014）认为近年来中国经济社会环境发生了较大变化，中国各项惠农强农富农政策和农产品市场的日趋完善，农村劳动力的大量外出务工在一定程度上影响了农户参与退耕还林工程的决策。其研究结果仍然莫衷一是。韩洪云等（2014）多数学者认为补偿标准过低，但孙新章等（2007）学者认为补偿标准偏高。

退耕还林工程补偿标准统一化与区域异质性存在矛盾，如何基于区域异质性确定补偿标准需要深入研究和探讨。

3.3.3　补偿标准政府制定与市场化运作差距

2017 年，中国共产党十九大报告指出，要建立市场化生态补偿机制。不仅要赋予生态保护区和生态受益区独立的、对等的市场地位，还要建立市场规则、规范市场行为，更要求生态补偿价格要反映市场供求关系，受市场供求规律调节。然而，目前开展的退耕还林工程一直是政府主导，包括：政府设定退耕还林工程预期目标；政府制定退耕还林工程补偿标准；政府认定退耕还林工程的实施效果等，与十九大报告所指出的"要建立市场化生态补偿机制"存在差距。

现有文献主要研究政府制定的补偿标准是否合理，对市场化生态补偿机制的研究尚显不足。柳亮等（2009）通过构建不同利益主体之间的博弈模型，研究退耕还林工程右实施过程中所面临的激励不相容问题。聂强（2008）将退耕还林工程视为合作生产过程，研究了农户及地方政府行为的激励效果。李国平等（2015）将实物期权理论引入农户收益测算中，研究了南北不同地区收益不确定条件下成本收益等额补偿的转换边界。邵传林等（2010）从博弈论的视角探讨退耕还林实施中的农户、地方政府与中央政府的博弈关系。

对于退耕还林工程的补偿标准，政府制定与市场化运作存在差距，如何制定基于供需均衡的退耕还林工程补偿标准需要深入研究和探讨。

3.4　本章小结

本章首先回顾了国外生态修复工程补偿的探索发展历程，并对美国、哥斯达黎加、墨西哥和厄瓜多尔等典型生态修复工程补偿的国家和地区进行了分析；之后对国内实施的 16 项世界级重点生态修复工程的补偿标准进行了探讨；然后着重阐述了退耕还林工程的发展历程和补偿标准现状，提出了我国退耕还林工程补偿标准存在退耕扩大与复耕抬头并存、补偿标准统一化与区域异质性矛盾以及补偿标准政府制定与市场化运作差距等问题。

第4章 农户个体参与退耕还林工程决策机理

本章选取退耕还林工程典型——吴起县为代表，从农户个体（家庭）角度出发，基于比较优势理论构建农户参与退耕还林工程的驱动机理分析框架及模型，以农户家庭林地占衮地面积比例为研究对象，利用退耕还林工程典型县多期横截面数据，分析农户参与退耕还林工程驱动因素的动态演化过程；之后从农户视角出发，基于竞租理论，通过对退耕还林工程决策集的分析比较，确定农户收益最大化的方案，进而按照政府政策目标：财政支出最小，确定当期退耕还林工程政策下吴起县的最优补偿标准。

4.1 农户个体参与退耕还林工程的驱动机理及动态演化

生态修复工程承担着应对全球气候变化、建设美丽中国、构建生态安全格局等重大职责（赵树丛，2013）。2015 年我国出台了《生态文明体制改革总体方案》，明确了生态修复工程对生态文明建设的重要作用。与此同时，我国持续加大生态修复工程投资力度，2000～2014 年生态修复工程累计投资额达到 5957.64 亿元，年均增长率 15.1%。然而，生态修复工程的实施不仅需要政策、资金的支持，更需要农户的积极参与（喻永红，2015）。如何调动农户积极参与生态修复工程是当前研究的热点和难点问题。现有文献从农户参与生态修复工程的引导方式、测量方法及影响因素等方面进行了研究。从引导方式来看，条件价值评估法（喻永红，2015）、选择实验法（韩洪云和喻永红，2012）、机会成本法（李云驹等，2011）等方法通过设置虚拟条件，引导农户在不同条件下进行决策。从测量方法来看，Logistic 回归模型（唐宏等，2011）、里氏评分法（黎洁和李树苗，2010）等方法通过设置分类变量、有序变量测度农户参与状态。从影响因素来看，主要通过农户特征、资源禀赋、补偿策略、收入—成本等方面考察农户参与意愿和行为（Costanza R et al.，1998；Wang Chunmei & Maclaren Virginia，2012；于金娜和姚顺波，2012；任林静和黎洁，2013）。

虽然现有文献对农户参与生态修复工程进行了大量的研究，但至少还需从以下三个方面进行完善：一是以分类变量、有序变量或虚拟条件等方式测度农户参与生态修复工程意愿，与农户实际决策（结果）存在一定距离。二是研究各种因素对农户参与生态修复工程的影响，尚未形成系统分析框架，且仅考虑因素的绝对影响，而忽视不同土地利用类型的相对影响。三是侧重时点的静态分析，对农户参与生态修复工程驱动因素的动态演化关注不够。鉴于此，基于比较优势理论构建农户参与退耕还林工程的驱动机理分析框架及模型，以农户家庭林地占农地面积比例为研究对象，利用退耕还林工程典型县多期横截面数据，分析农户参与退耕还林工程驱动因素的动态演化过程。

4.1.1　驱动机理分析框架与模型构建

4.1.1.1　驱动机理分析框架

基于比较优势理论"两利相权取其重，两弊相权取其轻"的原则（大卫·李嘉图，2014），运用阿马彻（Amacher，2008）的研究方法，将农户家庭土地（农地）简化为只有林地和耕地两种类型，构建农户参与退耕还林工程驱动机理分析框架（见图 4 - 1）。

农户在分析林地与耕地的经营收入、经营成本和补贴（税费）后，会谋求利润最大化，结合自身条件和外部环境因素决策参与退耕还林工程的程度，其决策结果表现为退耕还林工程的实施效果。

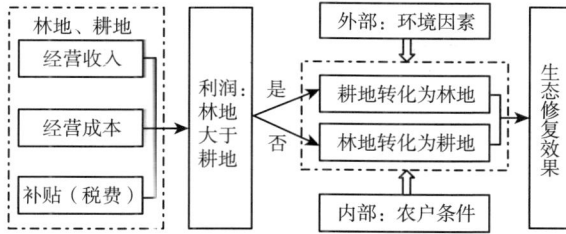

图 4 - 1 农户参与退耕还林工程驱动机理

假定农户为理性人，其家庭经营的农地面积为 L，这些农地既可以作为耕地，也可以作为林地，并且是由农户自主选择经营类型。同时，由于林地补偿、耕地补助等政策的影响，农户在符合相应的政策要求的基础上，如果选择耕地经营类型，则除了获取耕地收入外还可以得到相应的耕地补助；如果选择林地经营类型，则除了获取林地收入外还可以得到相应的林地补偿。

4.1.1.2 模型构建

假设林地和耕地的面积与农户家庭农地面积的比例分别为 ρ 和 $1-\rho$，则林地面积 L_f 和耕地面积 L_a 分别为 ρL 和 $(1-\rho)L$，即式（4-1）：

$$L = L_f + L_a = \rho L + (1-\rho)L \tag{4-1}$$

利用柯布—道格拉斯生产函数模型，建立林地和耕地的生产函数，分别为式（4-2）和式（4-3）：

$$Q_f = AM_f^\alpha K_f^\beta L_f^\gamma \tag{4-2}$$

$$Q_a = BM_a^\delta K_a^\varepsilon L_a^\sigma \tag{4-3}$$

式中：Q_f、Q_a 分别为林地、耕地的产量；A、B 分别为林地、耕地的技术进步率；M_f、M_a 分别为林地、耕地的资本投入量；K_f、K_a 分别为林地、耕地的劳动力投入量；α、β、γ、δ、ε、σ 为相关要素的产出弹性系数。

考虑到林地产品和耕地产品收入、成本、补助、税金等因素，可以得出林地和耕地的利润函数，分别为式（4-4）和式（4-5）：

$$\pi_f = P_f Q_f - C_f + S_f = P_f AM_f^\alpha K_f^\beta L_f^\gamma - (M_f r_f + P_k K_f + P_l L_f + CH_a) + S_f \tag{4-4}$$

$$\pi_a = P_a Q_a - C_a + S_a = P_a B M_a^\delta K_a^\varepsilon L_a^\sigma - (M_a r_a + P_k K_a + P_l L_a + CH_f) + S_a$$

$$(4-5)$$

式中：π_f、π_a 分别为林地、耕地的利润；P_f、P_a 分别为林地产品、耕地产品的价格；C_f、C_a 分别为经营林地、耕地的成本；S_f、S_a 分别为经营林地、耕地的补助（税费）；r_f、r_a 分别为经营林地、耕地的资本价格；P_k、P_l 分别为劳动力价格、农地流转价格；CH_a 为林地向耕地转换的成本，若不转换则为 0；CH_f 为耕地向林地转换的成本，若不转换则为 0。

与已有文献不同，本书考虑了林地和耕地之间的转换成本，分别是耕地向林地的转换成本和林地向耕地的转换成本。耕地向林地的转换成本指耕地在转换为林地的过程中产生的成本费用，例如种苗费、种植费等，耕地向林地的转换成本越低越有利于耕地向林地的转换；林地向耕地的转换成本指在林地转换为耕地的过程中产生的成本费用，例如采伐费、土地整理费等，林地向耕地的转换成本越高越有利于已有林地的维持。考虑到林地向耕地的转换成本、耕地向林地的转换成本以及经营林地、耕地的补助（税费）与各自的面积成比例，因此有式（4-6）~式（4-9）：

$$CH_a = \theta L_f \qquad (4-6)$$

$$CH_f = \eta L_a \qquad (4-7)$$

$$S_f = \phi L_f \qquad (4-8)$$

$$S_a = \lambda L_a \qquad (4-9)$$

式中：θ、η 分别为林地、耕地转换的单位面积成本；ϕ、λ 分别为经营林地、耕地的单位面积补助（税费）标准。

将式（4-6）~式（4-9）代入式（4-4）和式（4-5），并求式（4-4）和式（4-5），可以得到林地与耕地的利润比较函数式（4-10）：

$$
\begin{aligned}
\Delta \pi &= \pi_f - \pi_a \\
&= (P_f A M_f^\alpha K_f^\beta L_f^\gamma - P_a B M_a^\delta K_a^\varepsilon L_a^\sigma) - [(M_f r_f - M_a r_a) + P_k(K_f - K_a) \\
&\quad + P_l(L_f - L_a) + (\theta L_f - \eta L_a)] + (\phi L_f - \lambda L_a)
\end{aligned}
\qquad (4-10)
$$

由式（4-10）可以得出：当 $\Delta \pi = 0$ 时，即 $\pi_f = \pi_a$，林地和耕地的利润

相等，林地面积和耕地面积将不会变化；当 $\Delta\pi>0$ 且 $CH_f\neq0$ 时，即 $\pi_f>\pi_a$，林地的利润大于耕地的利润，耕地将向林地转换，林地占农地面积的比例将会提高；当 $\Delta\pi<0$ 且 $CH_a\neq0$ 时，即 $\pi_f<\pi_a$，林地的利润小于耕地的利润，林地将向耕地转换，林地占农地面积的比例将会降低；当 $\Delta\pi>0$ 且 $CH_f=0$ 或 $\Delta\pi<0$ 且 $CH_a=0$ 时，即林地的利润大于（小于）耕地的利润，但利润差值却小于其转换成本，因此耕地、林地依然不发生转换，维持原状。

由式（4-10）所示，影响林地向耕地转换的因素有三个，分别是林地与耕地的收入差值、成本差值和补助（税费）差值。其理论意义是，明确了可以提高林地占农地面积比例的三条路径，分别是：提高（降低）林地的相对补助（税费）标准、降低林地的相对成本和提高林地的相对收入。其现实意义是：在其他影响因素不变的情况下，若林地补助（税费）标准提高（降低），则林地与耕地的补助差值增大，将使林地对耕地的比较收益增大，如果超过耕地向林地的转换成本，将促使农户参与退耕还林工程；如果林地对耕地的比较成本增大，且超过林地向耕地的转换成本，将使林地向耕地转换；如果林地对耕地比较收入增大，且超过耕地向林地的转换成本，将使耕地向林地转换。显然，目前中国的退耕还林工程政策主要采用的是提高补偿标准的路径，而 2008~2014 年补偿标准的降低可能是 23 个省区市出现复耕现象的主要原因；陕西省吴起县在退耕还林补偿标准降低的情况下，林地占农地面积比例不降反升的原因可能是林地与耕地比较收入升高或林地与耕地比较成本降低的结果。

为了定量测度各因素对吴起县林地占农地面积比例的影响，推导林地与耕地的利润比较函数最大化时的最优林地面积，对式（4-10）求林地面积 L_f 的一阶导数，整理后可得到式（4-11）：

$$\gamma P_f AM_f^\alpha K_f^\beta L_f^{\gamma-1}+\sigma P_a BM_a^\delta K_a^\varepsilon(L-L_f)^{\sigma-1}=2P_l+\theta+\eta-\lambda-\phi \quad (4-11)$$

对式（4-11）两边同除以 $L^{\gamma-1}L^{\sigma-1}$，整理后得到式（4-12）：

$$\frac{\gamma P_f AM_f^\alpha K_f^\beta\rho^{\gamma-1}}{L^{\sigma-1}}+\frac{\sigma P_a BM_a^\delta K_a^\varepsilon(1-\rho)^{\sigma-1}}{L^{\gamma-1}}=\frac{2P_l+\theta+\eta-\lambda-\phi}{L^{\gamma-1}L^{\sigma-1}} \quad (4-12)$$

从式（4-12）所示，林地占农地面积的比例 ρ 和林地与耕地的收入、成本、劳动量投入、补助（税费）以及转换成本等因素有关。考虑到 ρ 是林地占农地面积的比例，而收入、成本、劳动量投入等变量为家庭林地、耕地的总量，不宜进行比较分析，因此在构建模型时，将以上变量调整为单位面积的差值，并建立了线性对数模型式（4-13）：

$$\rho = a_0 + a_1\ln I + a_2\ln C + a_3\ln K + a_4\ln P_l + a_5\ln S + a_6\ln CH_a + a_7\ln CH_f$$

$$(4-13)$$

式中：I 表示耕地与林地的单位面积收入差值；C 表示耕地与林地的单位面积成本差值；K 表示耕地与林地的单位面积劳动量差值；S 为林地与耕地的单位面积补助（税费）差值；P_l、CH_a、CH_f 含义同上文。

在计量模型式（4-13）之外，考虑到影响林地占农地面积比例的其他因素，加入以下三个变量：非农业收入、劳动力数量和时间。非农业收入表示农户家庭的兼业化程度，引入非农业收入变量（$\ln NI$）；家庭劳动力数量越多则农户越倾向于劳动量投入较多的耕地经营类型，而降低林地占农地面积的比例，因此引入劳动力变量（$\ln LAB$）；随着时间的推移，虽然补助对于农户家庭收入的影响逐渐降低，但国家支持退耕还林工程的资金投入、科技投入等持续增加，尤其是近年来环境问题较为突出，使得国家大力支持农户参与退耕还林工程，所以本书认为时间因素会影响国家退耕还林工程投入，促使农户家庭提高林地占农地面积比例，因此引入时间变量（$\ln t$）。

改进后的计量模型为式（4-14）：

$$\rho = a_0 + a_1\ln I + a_2\ln C + a_3\ln K + a_4\ln P_l + a_5\ln S + a_6\ln CH_a \qquad (4-14)$$
$$+ a_7\ln CH_f + a_8\ln NI + a_9\ln LAB + a_{10}\ln t + \mu_i$$

式中：NI 表示家庭非农业收入；LAB 表示家庭劳动力数量；t 表示各观测期的期次；μ_i 表示随机扰动项。

根据以上理论分析，本书选择被解释变量为林地占农地面积比例；解释变量为生产因素变量、转换因素变量和家庭因素变量三类，其中生产因素变量由收入差值、成本差值、劳动量差值、土地流转成本、补助（税费）差值、时间六个变量组成，转换因素变量由林地向耕地转换成本和耕地向林地转换成本两个变量组成，家庭因素变量由非农业收入和劳动力数量两个变量组成。基于上文的分析结果，对各变量方向的预测如表 4 - 1 所示。

表 4 - 1　　　　　　　　　　　变量的解释说明和预期方向

变量类别	变量名称	变量代号	解释说明	预期方向
被解释变量	林地占农地面积比例	ρ	家庭林地面积占家庭农地总面积的比例大小	
生产因素	收入差值	I	单位面积耕地比林地的收入增加量	-
	成本差值	C	单位面积耕地比林地的成本增加量	+
	劳动量差值	K	单位面积耕地比林地的劳动量增加量	+
	土地流转成本	P_l	单位面积农地流转成本大小	+
	补助（税费）差值	S	单位面积林地比耕地的补助（税费）增加量	+ (-)
	时间	t	观测期次	+
转换因素	林地向耕地转换成本	CH_a	林地向耕地转换的成本大小	+
	耕地向林地转换成本	CH_f	耕地向林地转换的成本大小	-
家庭因素	非农业收入	NI	非农业收入大小	+
	劳动力数量	LAB	家庭劳动力数量	

4.1.2　农户个体样本特征

以退耕还林工程的典型——吴起县为例，选取了 2005～2015 年的统计数据和历年的调研数据。在调研中获知 2004 年起吴起县全部免征农业税，2015 年前未批准采伐，仅 2014 年有 19 户存在农地流转现象，因此补贴差值变量中不考虑税费影响，林地收入中不考虑木质林产品收入，不考虑土地流转成本变量。考虑到农户往往以上年信息决策当期参与退耕还林工程的程度，因此解释变量选用上年数据。为了使数据统一，将退耕还林工程启动的 2000 年作为基期，各期数据按照同期粮食价格指数折算。对各变量进行描述性统计分析（见表 4 - 2）。

表 4 – 2 变量描述性统计

变量	2004 年（第一期）		2008 年（第二期）		2011 年（第三期）		2014 年（第四期）	
	均值	标准差	均值	标准差	均值	标准差	均值	标准差
林地占农地面积比例	63.7%	0.179	70.0%	0.211	70.2%	0.172	76.2%	0.153
补贴差值（元）	184.80	126.220	61.39	43.100	18.88	40.480	3.20	51.955
收入差值（元）	215.14	136.966	159.07	134.689	148.99	220.731	27.28	226.454
成本差值（元）	51.00	57.546	84.51	83.880	71.62	75.895	88.20	65.078
劳动量差值（工日）	20.52	15.873	19.53	21.958	15.20	21.786	12.22	14.983
林地向耕地转换成本（元）	17.29	6.222	12.36	5.928	9.67	5.683	8.71	5.728
耕地向林地转换成本（元）	48.31	6.530	45.89	6.257	32.52	5.846	32.58	5.847
非农业收入（元）	7658	9017	9801	10598	10719	15096	7232	10863
劳动力数量（人）	3.38	1.221	2.81	1.121	2.52	1.048	2.36	1.157

如表 4 – 2 所示，各期林地占农地面积比例的样本均值逐渐升高，从第一期的 63.7% 提高到第四期的 76.2%，与吴起县统计年鉴数据基本一致。补贴差值变量的样本均值逐渐降低，从第一期的 184.80 元降低到第四期的 3.20 元，表明退耕还林工程补贴标准降低的同时，耕地补贴逐渐增加，使得补贴差值逐渐减小。收入差值变量的样本均值逐渐降低，从第一期的 215.14 元降低到第四期的 27.28 元，表明随着林地收入的增加，耕地与林地的收入差值逐渐缩小。劳动量差值变量的样本均值逐渐降低，从第一期的 20.52 天降低到第四期的 12.22 天，表明耕地与林地的劳动量差值逐渐缩小。劳动力数量变量的样本均值逐渐降低，从第一期的 3.38 人降低到第四期的 2.36 人。另据统计，各期农地面积的样本均值在 3.6 公顷左右，表明林地占农地面积比例提高不是农地面积减小引起的；林地补贴占农户总收入的比例，各期分别为 40.6%、24.3%、23.3%、30.2%，因此林地补贴不能作为不在意资金考虑（王征兵，2014）。

4.1.3　农户参与退耕还林工程影响因素分析及动态演化

4.1.3.1　农户参与退耕还林工程的影响因素分析

采用 STATA 14.0 软件，利用模型式（4 - 14）对四期横截面数据及其形成的混合截面数据进行初始回归，检验结果存在异方差，不存在多重共线性，无内生性解释变量，对于存在异方差的问题，进行了怀特异方差修正。在此基础上，仍用模型式（4 - 14）进行第二次回归估计，结果如表 4 - 3 所示。

表 4 - 3　　　　　　　　　　　　　　　模型回归结果

变量	2004 年（第一期）	2008 年（第二期）	2011 年（第三期）	2014 年（第四期）	混合截面
补贴差值	0. 0007 ***（0. 000）	0. 0058 **（0. 013）	0. 0012（0. 716）	0. 0009（0. 381）	0. 0014（0. 311）
收入差值	- 0. 0001 **（0. 027）	- 0. 0023（0. 157）	- 0. 0003（0. 513）	- 0. 0016 *（0. 089）	- 0. 0018 *（0. 078）
成本差值	0. 0001（0. 842）	0. 0015（0. 573）	0. 0008（0. 860）	0. 0022（0. 405）	0. 0014（0. 517）
劳动量差值	0. 0018 ***（0. 000）	0. 0106（0. 238）	0. 0022（0. 791）	0. 0023（0. 418）	0. 0077 **（0. 030）
林地向耕地转换成本	0. 0003 ***（0. 000）	0. 1972 ***（0. 000）	0. 1782 ***（0. 000）	0. 1747 ***（0. 000）	0. 2002 ***（0. 000）
耕地向林地转换成本	- 0. 0001 ***（0. 000）	- 0. 1816 ***（0. 000）	- 0. 1677 ***（0. 000）	- 0. 1614 ***（0. 000）	- 0. 1632 ***（0. 000）
非农业收入	0. 0001（0. 745）	0. 0005（0. 512）	0. 0025（0. 225）	0. 0011（0. 158）	0. 0001（0. 882）
劳动力数量	- 0. 0129 **（0. 038）	0. 0105（0. 449）	- 0. 0129（0. 526）	- 0. 0059（0. 155）	- 0. 0099（0. 112）
常数项	0. 7158 ***（0. 000）	0. 6655 ***（0. 000）	0. 6800 ***（0. 000）	0. 6695 ***（0. 000）	0. 4373 ***（0. 000）

变量	2004 年（第一期）	2008 年（第二期）	2011 年（第三期）	2014 年（第四期）	混合截面
时间					0.0283 ***（0.000）
样本量	205	206	178	181	770
F	87.87（0.0000）	641.85（0.0000）	30.84（0.0000）	318.96（0.0000）	357.54（0.0000）
$Ad-R^2$	0.7731	0.9616	0.7743	0.9370	0.8085

注：***、** 和 * 分别表示在 1%、5% 和 10% 水平上显著。括号内的数字是 p 值。

先进行检验，其结果不存在异方差，不存在多重共线性，无内生性解释变量。如表 4-3 所示，各期回归结果中 F 值均较大，在 95% 的显著性水平下的 p 值均为 0.0000，说明模型非常显著；调整的判定系数较高，说明模型回归结果对样本数据拟合较好。通过模型中逐渐加入变量的方法检验模型的稳健性（梁婧等，2015），各变量作用方向未发生变化，主要解释变量的显著性未受影响，表明研究结果具有稳健性。

（1）收入因素对农户参与退耕还林工程的影响。收入因素包括补贴差值变量和收入差值变量。各期补贴差值变量对被解释变量有正向影响，与预期方向一致，且第一、第二期分别通过了 1%、5% 的显著性检验，其他各期未通过显著性检验。结合林地占农地面积比例升高和补贴差值变量逐渐降低的趋势，表明前期补贴对调动农户参与退耕还林工程的影响是显著的，但后期随着国家退耕还林工程补贴标准的降低，使得林地与耕地补贴差值逐渐缩小，林地补贴对农户参与退耕还林工程的影响逐渐降低。因此，林地补贴是调动农户参与退耕还林工程的主要因素，这与多数学者的研究成果一致（李云驹等，2011；唐宏等，2011；黎洁和李树苗，2010）。各期收入差值变量对农户参与退耕还林工程有负向影响，与预期方向一致，且第一、第四期和混合截面中分别通过了 5%、10% 和 10% 的显著性检验。结合林地占农地面积比例升高和收入差值变量逐渐缩小的趋势，表明随着林地收入的逐渐增大，耕地与林地收入差值逐渐缩小，收入差值变量逐渐成为驱动农户参与退耕还林工程的主要因素之一。

（2）成本因素对农户参与退耕还林工程的影响。成本因素主要包括成本差值变量和劳动量差值变量。各期成本差值变量对农户参与退耕还林工程有正向影响，与预期方向一致，但未通过显著性检验。结合成本差值变量未形成趋势性变化，表明成本差值变量虽对农户参与退耕还林工程有预期方向影响，但不是驱动农户参与退耕还林工程的主要因素。各期劳动量差值变量对农户参与退耕还林工程有正向影响，与预期方向一致，且第一期、混合截面中通过了 1%、5% 的显著性检验，其他各期未通过显著性检验。结合林地占农地面积比例升高和劳动量差值变量逐渐缩小的趋势，表明随着林地劳动量的逐渐增大，耕地与林地劳动量差值逐渐缩小，林地劳动量投入较少的优势降低，劳动量差值变量促进农户参与退耕还林工程的影响弱化，但从混合截面数据回归结果来看，劳动量差值变量仍是驱动农户参与退耕还林工程的主要因素之一。

（3）转换因素对农户参与退耕还林工程的影响。转换因素包括林地向耕地的转换成本和耕地向林地的转换成本两个变量。这两个变量在各期与预期方向一致，且均通过了 1% 的显著性检验，表明林地向耕地的转化成本越高越有利于家庭林地面积的增加；耕地向林地的转化成本越低越有利于家庭林地面积的增加。说明林地向耕地的转换成本是巩固农户参与退耕还林工程的主要因素，耕地向林地的转换成本是促进农户参与退耕还林工程的主要因素之一。

（4）家庭因素对农户参与退耕还林工程的影响。家庭因素包括非农业收入和劳动力数量两个变量。各期非农业收入变量与预期方向一致，但均未通过显著性检验。结合非农业收入变量未形成趋势性变化的现状，表明非农业收入虽对农户参与退耕还林工程有预期方向的影响，但却不是主要影响因素。劳动力数量在第一、第三、第四期与预期方向一致，且在第一期通过了 5% 的显著性检验，表明一般情况下劳动力数量较少的农户家庭会选择林地经营类型，但其并不是驱动农户参与退耕还林工程的主要影响因素。

4.1.3.2　农户参与退耕还林工程驱动因素的动态演化

为了凸显农户参与退耕还林工程驱动因素的动态演化趋势，本书根据显著性水平（见表4－3）构建动态演化矩阵（见表4－4）。

表4－4　　　　农户参与退耕还林工程驱动因素的动态演化

变量	2004年（第一期）	2008年（第二期）	2011年（第三期）	2014年（第四期）	混合截面
补贴差值	+	+			
收入差值	－			－	－
成本差值					
劳动量差值	+				+
林地向耕地转换成本	+	+	+	+	+
耕地向林地转换成本	－	－	－	－	－

注：1. "＋"表示该因素对农户参与退耕还林工程在10%的显著性水平上通过检验，具有正向显著影响；2. "－"表示该因素对农户参与退耕还林工程在10%的显著性水平上通过检验，具有负向显著影响；3. 不显著的因素为空。

（1）从总体上看，农户参与退耕还林工程的驱动因素是转换成本、收入差值、劳动量差值。在混合截面中，转换成本、收入差值和劳动量差值是显著影响农户参与退耕还林工程的主要驱动因素。表明在2004～2014年间，农户参与退耕还林工程的主要因素是耕地向林地转换成本、收入差值和劳动量差值，林地向耕地转换成本是巩固退耕还林工程成果的主要因素。

（2）各期驱动因素存在差异。第一期中，补贴差值、转换因素、收入差值和劳动量差值是显著影响农户参与退耕还林工程的主要驱动因素。第二期中，补贴差值、转换成本是显著影响农户参与退耕还林工程的主要驱动因素。第三期中，转换成本是显著影响农户参与退耕还林工程的主要驱动因素。第四期中，转换成本和收入差值是显著影响农户参与退耕还林工程的主要驱动因素。以上表明，转换因素在各期中一直有显著影响；前期补贴差值和劳动量差值驱动农户参与退耕还林工程，后期由于林地补贴的降低、林地劳动量的增加而不显著；收入差值变量经过第一期的显著影响，第二、第三期的不显著影响，在第四期又显著影响，说明随着林地收入的增加，收入差值变量成为驱动农户参与退耕还林工程又一重要因素。

　　以上分析结果表明，吴起县推进退耕还林工程以来，补贴对农户参与退耕还林工程的影响逐渐不显著，而收入差值、劳动量差值、转换因素是驱动农户参与退耕还林工程的主要因素。本书的研究结果推进了学者对于农户参与退耕还林工程影响因素的研究（李云驹等，2011；唐宏等，2011；黎洁和李树茁，2010），验证了部分学者的研究结论（Wang Chunmei & Maclaren Virginia，2012；于金娜和姚顺波，2012；任林静和黎洁，2013），明确了农户参与退耕还林工程的影响因素除了补贴外，还有耕地与林地的收入差值、转换成本等因素。本书的研究结果与部分研究成果存在差异，其原因除了研究区域的异质性外，还可能因为退耕还林工程的政策实施需要较长的时间，本书的时间跨度相比部分学者的较长。

　　本书基于比较优势理论构建了农户参与退耕还林工程的驱动机理分析框架及模型，推出了提升农户参与退耕还林工程的三条路径：提高林地的相对补贴标准、降低林地相对成本和提高林地相对收入。利用吴起县四期调查数据，实证分析了农户参与退耕还林工程驱动因素的动态演化过程。总体说来，农户参与退耕还林工程受多方面因素影响，主要驱动因素是林地与耕地的收入差值、转换成本和劳动量差值。农户参与退耕还林工程的驱动因素并非静态的，而是既有持续作用的因素，例如转换成本，又有随时期动态变化的因素，比如前期的补贴差值、后期的收入差值。具体情况如下：

　　（1）补助（税费）差值因素和成本差值因素不是影响吴起县林地占农地面积比例升高的主要因素。吴起县林地与耕地的补助（税费）差值因素的影响逐渐从正向显著影响转变为不显著；耕地对林地的成本差值因素在各期中有正向影响也有负向影响且不显著，表明以上两个因素不是影响吴起县林地占农地面积比例升高的主要因素。

　　（2）收入差值、耕地向林地转换成本、劳动量差值是影响吴起县林地占农地面积比例升高的主要因素。耕地对林地的收入差值、耕地向林地转换成本是负向影响且较显著，耕地对林地的劳动量差值是正向影响且较显著，表明以上三个因素是影响吴起县林地占农地面积比例升高的主要影响因素。

（3）林地向耕地转换成本是巩固退耕还林工程成果的因素，非农业收入是促进退耕还林工程实施的因素。林地向耕地转换成本、非农业收入在各期中是正向影响且较显著，表明林地向耕地转换成本巩固了退耕还林工程成果，非农业收入促进了退耕还林工程的效果。

以上研究，从理论上构建了退耕还林工程驱动机理模型，明确了影响退耕还林工程林地占农地面积比例的主要因素，推进了退耕还林工程可持续性的研究（Wang Chunmei & Maclaren Virginia，2012；任林静和黎洁，2013），进而提出了退耕还林工程提高林地占农地面积比例的三条路径：提高（降低）林地的相对补偿（税费）标准、降低林地相对成本和提高林地相对收入。基于此，可以提出以下三点政策建议：

（1）调整退耕还林工程的补偿政策，引导补偿资金支持贫困农户。补偿对于退耕还林工程的影响虽逐渐不显著，但可以尝试与精准扶贫政策相结合，在提高生态修复效果的同时，促进贫困农户的脱贫。

（2）进一步降低林地相对成本，推进退耕还林工程。通过降低林业资金、税费等成本支出，加大相关林业政策支持力度，推进退耕还林工程。

（3）提高林地相对收入，提升退耕还林工程效果。林地相对收入对退耕还林工程的影响较为显著，可以进一步引导农户发展林业产业和林下经济，以提高林地相对收入，提升退耕还林工程实施效果。

4.2　农户个体决策行为对政府最优补偿标准的影响

上文在研究农户参与退耕还林工程的决策机理的基础上，分析了吴起县农户参与退耕还林工程影响因素的动态演化，下面将分析农户个体决策行为对政府退耕还林工程最优补偿标准的影响。

退耕还林工程的基本思路是给予利益受损者适当的经济补偿，激励其改变原有的土地利用方式，以改善生态环境为目的，促进农民增收，调整农户土地利用结构（李国平和石涵予，2015）。退耕还林工程的核心问题是制定最优的补偿标准。退耕还林工程的补偿标准如果定得过低，会降低农户参与退耕还林工程的积极性，影响退耕还林工程的实施效果；退耕还林工程的补偿标准如果定得过高，会激发农户参与退耕还林工程的积极性，但会给政府财政支出带来沉重的负担。因此需要制定既能激发农户参与退耕还林工程积极性，又能使财政支出最小的最优补偿标准。对此，国内学者通过多种角度、各种方法进行了深入探讨。柳亮和陈志丹（2009）通过构建不同利益主体之间的博弈模型，研究退耕还林工程在实施过程中所面临的激励不相容问题；聂强（2008）将退耕还林工程视为合作生产过程，研究了农户及地方政府行为的激励效果；李国平和石涵予（2015）将实物期权理论引入农户收益测算中，研究了南北不同地区收益不确定条件下成本收益等额补偿的转换边界；邵传林和何磊（2010）从博弈论的视角探讨退耕还林工程实施中的农户、地方政府与中央政府的博弈关系；秦艳红和康慕谊（2011）把产业结构调整过程中农户的现实收入与农户预期发展目标收入的差距作为机会成本来研究补偿标准；刘震和姚顺波（2008）针对退耕还林工程中补偿政策存在的不足，采用征地法和收入增长法对 3 个县区进行了实证分析，确定了补偿标准和补偿年限。以上学者对于退耕还林工程补偿标准的研究，均是通过默认视角和个别决策项来开展的，未形成退耕还林工程决策集的比较研究。其研究结果仍然莫衷一是：多数学者认为补偿标准过低（韩洪云和喻永红，2014），但也有学者认为补偿标准偏高（孙新章和谢高地，2007），然而补偿标准究竟多少合适，尚需学界深入研究。

综上所述，退耕还林工程的补偿标准研究，多是从农户、地方政府和中央政府博弈的角度开展，而从农户个体视角出发的研究并不多见。学者们多从退耕还林工程总体的角度开展研究，研究过程中更多的是考虑生态效益和各利益主体总的机会成本，往往未充分考虑农户收益的最大化问题。因此从农户视角出发，基于竞租理论，通过对退耕还林工程决策集的分析比较，确定农户收益最大化的方案，进而按照政府政策目标——财政支出最小，确定最优补偿标准，将有助于丰富退耕还林工程补偿标准的研究视角和研究方法，为进一步调动农户参与退耕还林工程积极性创造条件。

4.2.1 农户参与退耕还林工程理论分析与模型构建

4.2.1.1 理论分析

竞租理论最初是由杜能（Johann Heinrich von Thünen）在其著作《孤立国同农业和国民经济的关系》中提出的，其认为不同作物的收益不同，所以其可支付的地租不同，因此不同作物将选择适合自身的市场区位来种植。在此基础上，威廉·阿朗索（Alonso William）将竞租理论应用到对城市土地利用结构的研究上，提出了单中心城市地价的竞租模型，其认为竞租者中竞租能力较强且区位意识敏感的将获取中心区的土地使用权，而其他竞租者则依次外推（康琪雪，2008）。此后，国内学者也对竞租理论进行了深入的研究和应用：从微观层面研究北京市土地出让价格的分布规律，并分析了土地价格空间分布特征及土地利用类型竞租规律（邓羽，2015）；对比分析空间尺度对城市竞标地租理论的适用性影响（刘涛等，2014）；运用竞租模型分析了新增耕地潜力、生态环境、土地非农化对农地整理区位选择的影响，并研究出最佳的农地整理区位（叶欠等，2011）。这些研究的中心思想是：在竞争条件下，土地将分配给愿意出最高价格的使用者。学者们对于竞租理论的研究主要集中在城市土地利用或土地区位选择方面，而对于退耕还林工程的退耕林地退耕类别决策集研究尚未涉及。

竞租理论认为在单位面积的土地上总有一种土地用途比其他任何种土地用途有更高的地租报酬。因此，土地用途转换的结果，形成了土地在不同用途之间的合理分配。从微观的农户个体的收益最大化的角度来看，地租报酬最高的用途总是土地的最有效利用方式。对于可能参与退耕还林工程的农户来说，在单位面积土地上可供选择的作物经营类型有生态林建设、经济林建设、退耕还草建设、继续农田耕作 4 种。这 4 种作物经营类型之间存在着竞租关系，并且土地用途转变的同时，也存在着机会成本的变化。退耕还林工程的机会成本是选择了某种作物经营类型就要放弃原来的作物经营类型的收益和相应补偿收入，为此，理性的农户会选择收益最大的作物经营类型。与此同时，由于中国的退耕还林工程具有公共产品属性和显著的正外部性，存在"搭便车"现象（张蕾，2008），农户虽然对退耕还林工程产生的环境、生态效益予以肯定，但真正到了收益最大化决策时却往往很少考虑（吕金芝，2007）。

4.2.1.2　模型构建

基于竞租理论研究农户视角下的退耕还林工程的最优补偿标准问题的主要思路是：首先对该问题涉及的研究条件进行界定；其次，对可供农户选择的退耕还林工程决策集逐项建立模型，并利用相关资料分析计算；之后，运用农户决策模型确定参与退耕还林工程的农户的收益最大化方案；最后，利用构建的政府最优补偿模型计算出政府在财政支出最小的情况下的最优补偿标准。在研究退耕还林工程的最优补偿标准问题前，对其研究条件进行界定，提出了以下 3 项假设：

假设 1：农户拥有单位面积土地，并且按照个人效用最大化来自主选择土地利用方式，土地用途转换成本不计。

假设 2：农户土地利用方式有 d 种，各种土地利用方式的效用与它的净现值相关，净现值越高其效用越大，反之亦然。

假设 3：农户为理性人，对各种土地利用方式不存在偏好倾向，且一旦参与则中途不会退出。

在新一轮退耕还林工程的政策下，农户面临四种作物经营类型选项：生态林建设；经济林建设；退耕还草建设；继续农田耕作。对这 4 种作物经营类型选项分别构建分析模型。

1. 生态林模型

在构建生态林模型前，必须先建立生态林的最优轮伐期模型。结合 Faustmann 模型，假设在持续经营的条件下，退耕林地生态林经过不断的间伐更新，得到最大的林地期望值式（4 - 15）：

$$\text{Max}M = \frac{p(t)f(t)\mathrm{e}^{-rt} - \dfrac{s(1 - \mathrm{e}^{-rt})}{1 - \mathrm{e}^{r}} - c}{1 - \mathrm{e}^{-rt}} \qquad (4 - 15)$$

式中：M 表示林龄 t 年时林地期望值，即林龄 t 年时林木产出得到的木材价值；$p(t)$ 表示林龄 t 年时单位木材产品的市场价格函数；$f(t)$ 表示林龄 t 年时的木材产品收获函数；s 表示林地每年的管理维护费用；c 表示林地最初的造林成本费用；r 表示资金的年折现率。

对式（4-15）求导，令其一阶条件为零，即可得出式（4-16）。

$$p'(t)f(t) + p(t)f'(t) = r\left(\frac{p(t)f(t) - c}{1 - e^{-rt}}\right) \qquad (4-16)$$

解式（4-16）得到的 t，就是生态林的最优轮伐期 T^*。得到最优轮伐期 T^* 后，通过计算各项收入和支出可以建立生态林模型（4-17）：

$$NPV(t \mid A \rightarrow F_s) = \int_0^{T^*} \frac{G_f(x)}{e^{rx}}dx + \rho(T^*)f(T^*)e^{-rT^*}$$
$$- \int_0^{T^*} \frac{s(x)}{e^{rx}}dx - C_H(T^*)e^{-rT^*} \qquad (4-17)$$

式中：$NPV(t \mid A \rightarrow F_s)$ 表示退耕农户在 t 时点继续保持生态林的净现值；$G_f(x)$ 为在林龄 x 时的政府补偿；$s(x)$ 表示在 x 时点的维护成本；$C_H(T^*)$ 为在林龄 T^* 年时的采伐成本。

2. 经济林模型

经济林模型与生态林模型相类似，除包含政府补偿、木质林产品收入外，还应包含非木质林产品收入，同时要减去造林成本和维护费用，因此得到经济林模型（4-18）：

$$NPV(t \mid A \rightarrow F_j) = \int_0^T \frac{G_f(x)}{e^{rx}}dx + \int_0^T \frac{R_I(x)}{e^{rx}}dx$$
$$+ \frac{\rho(t)f(t) - C_H(t)}{e^{rt}} - \int_0^T \frac{C_M(x)}{e^{rx}}dx \qquad (4-18)$$

式中：$NPV(t \mid A \rightarrow F_j)$ 表示退耕农户在 t 时点选择继续保持经济林的净现值；$G_f(x)$、$p(t)$、$f(t)$、$C_H(t)$ 含义同上；$R_I(x)$ 为林龄在 x 时点的非木质林产品收入；$C_M(x)$ 表示在 x 时点的造林成本及维护费用。

3. 退耕还草模型

在退耕还草模型中只考虑种植牧草的政府补偿和售卖牧草收入，而不考虑养殖收入，其原因是虽然种植牧草能方便农户发展养殖产业，但对于农户来说，土地用途决策问题只考虑土地经营收入，而养殖收入不属于土地经营收入，所以不予考虑。因此，建立退耕还草模型（4-19）为：

$$NPV(t \mid A \to H) = \int_0^T \frac{G_f(x)}{e^{rx}}dx + \int_0^T \frac{R_H(x)}{e^{rx}}dx \qquad (4-19)$$

式中：$NPV(t \mid A \to H)$ 表示农户在时点 t 选择继续保持种植牧草的净现值；$G_f(x)$ 为在 x 时点的政府补偿；$R_H(x)$ 为在 x 时点种植牧草的净收入。

4. 继续农田耕作模型

退耕还林工程是将25°以上的非基本农田坡耕地用来造林，因此该类型的农地立地条件都比较差，所以继续农田耕作模型只考虑政府补偿和种植农作物的净收入，建立模型（4-20）：

$$NPV(t \mid A \to H) = \int_0^T \frac{G_f(x)}{e^{rx}}dx + \int_0^T \frac{R_N(x)}{e^{rx}}dx \qquad (4-20)$$

式中：$NPV(t \mid A \to N)$ 表示农户在 t 时点选择继续保持农田耕作的净现值；$G_f(x)$ 为在 x 时点的政府补偿；$R_N(x)$ 为在 x 时点的种植农作物的净收入。

5. 农户决策模型

农户为了实现个人效用的最大化，将选择在单位面积土地上净现值最大的土地利用方式，于是建立农户决策模型（4-21）：

$$\max_{d \in S_d} U(d) \equiv \max_{d \in S_d} NPV(d) \qquad (4-21)$$

式中：$U(d)$ 表示退耕农户的效用函数；S_d 表示可供农户选择的决策集（包括生态林建设、经济林建设、退耕还草建设、继续农田耕作）；$NPV(d)$ 表示第 d 项决策的净现值。

农户出于理性人角度考虑，为了追求自身效用的最大化，必定选择净现值最大的决策项。同时，因为各种作物经营类型的最优收获时间不一，为了便于比较分析，可以将农户决策模型（4-21）转化为按照年值比较的模型，即农户决策模型（4-22）：

$$\max_{d \in S_d} U(d) \equiv \max_{d \in S_d} A(d) \qquad (4-22)$$

式中 $A(d)$ 为决策 d 的年值。

6. 政府最优补偿模型

政府为了激励农户参与其政策目标倾向的退耕还林工程类型，而分类给予不同决策类型的农户适量补偿。政府在制定补偿标准时，需要考虑自身的承受能力，因此政府既要保证政策的有效运行，又要使政府的支出最小，于是确定出了最优退耕还林工程补偿标准。以农户决策模型为基础，建立政府最优补偿模型（4-23）：

$$\min \int_0^T G(x) \mathrm{e}^{-rx} \mathrm{d}x \geqslant \max_{i \in S_d} NPV(i) - NPV(d) \qquad (4-23)$$

式中 $G(x)$ 为在 x 时点的政府补偿。

由政府最优补偿模型，可以得到达成政府目标时的政府退耕还林工程的最优补偿标准。

4.2.2　农户参与退耕还林工程结果分析

自1999年实施退耕还林工程以来，陕西省森林覆盖率由退耕还林前的30.92%增长到2018年的43.06%，活立木总蓄积量达到4.79亿立方米[①]。本书对陕西省退耕还林工程的典型代表——吴起县进行了实证分析，选取了吴起县四种经营类型的主要作物品种开展研究。吴起县在未进行退耕还林工程前退耕林地种植玉米（陈孝勇，2009），退耕后生态林树种多数为刺槐，经济林树种一般为沙棘，退耕还草采用牧草（冯艳斌，2013）。由于退耕林地立地条件较差，所以在开展实证分析前，首先应确定退耕还林工程的土地地力折算系数。退耕还林工程的土地一般坡度很大，耕作条件很差，而获取的土地产量数据一般

---

① 根据1999～2018年的历年《中国林业统计年鉴》计算而得。

为地区平均水平，与开展退耕还林工程的土地的产量水平存在较大偏差，因此，为更准确地进行实证分析，需要确定退耕还林工程的土地地力折算系数。根据《全国耕地类型区、耕地地力等级划分》（中华人民共和国农业行业标准NY/T309－1996），吴起县所在的陕西北部属于黄土高原黄土型耕地类型区，主要包括地力等级为九级至十级的耕地。十级地力的产量水平基本为九级地力的一半，而可能开展退耕还林工程的土地一般属于十级地力，所以实证分析中其产量水平按照当地平均水平的50%计算。其次，确定林业贷款利率。根据《林业贷款中央财政贴息资金管理规定》的相关内容，中央财政对个人的林业贷款给予一定的贴息，在参考近五年金融机构一年期贷款利率的基础上，确定林业贷款利率为3.5%。

4.2.2.1 模型分析

根据退耕还林工程的最优补偿标准问题的研究思路，对可供农户选择的退耕还林工程决策集逐项分析，运用农户决策模型比较农户决策集中各决策项的年值，最终确定退耕还林工程政策条件下的农户最优决策。

1. 生态林模型分析

根据其他学者对刺槐的理论研究，可以得到刺槐人工林最优收获量表（王雪梅，2001），按其数据可以发现林龄与蓄积量之间呈现二次曲线关系，利用SPSS 22软件进行二次曲线估计回归，可以得到刺槐的蓄积量与林龄的关系模型（4－24）：

$$f(t) = -9.424 + 6.618t - 0.071t^2 \qquad (4-24)$$

其中 $R^2 = 0.999$，且 t 检验在1%的置信区间上通过检验。

同样的方法，可以得到刺槐的胸径与林龄的关系模型（4－25）：

$$d = 0.477 + 0.711t - 0.016t^2 \qquad (4-25)$$

其中 $R^2 = 0.992$，且 t 检验在1%的置信区间上通过检验。

参考"园林在线"网站的刺槐市场价格可以得到刺槐价格与胸径的关系模型（4－26）：

$$p(d) = -266.508 + 78.682d \qquad (4-26)$$

其中 $R^2 = 0.927$，且 t 检验在 1% 的置信区间上通过检验。

将模型（4-25）引入模型（4-26），可以得到刺槐价格与林龄的关系模型（4-27）。

$$p(t) = -228.977 + 55.943t - 1.259t^2 \qquad (4-27)$$

通过参考有关文献资料，可以得到种植刺槐的其他成本。刺槐在西北地区的期初造林成本费用为 1047 元/公顷，每年投入的维护管理费用为 72.5 元/公顷，种植后的前两年每年需要除草 2 次，每年除草成本为 610 元/公顷（于金娜和姚顺波，2012）。根据算式（4-16）可以计算出刺槐在政策条件下的最优轮伐期为 $T^* = 18.36$ 年，即退耕还林工程中刺槐的最优轮伐期为 18 年。

刺槐的砍伐成本为 3.2 元/立方米，通过模型（4-24）可以计算得到刺槐在最优轮伐期时砍伐成本为 280.05 元/公顷。根据模型（4-17），可以得到农户选择种植刺槐的净现值为 3.5316 万元/公顷，换算成年值为 2677.52 元/公顷。

2. 经济林模型分析

沙棘树的主要林产品是沙棘叶与沙棘果，其中沙棘叶由雄树产出，沙棘果由雌树产出。在陕西省种植的沙棘第 3 年就可以产出沙棘叶，第 4 年就可以产出沙棘果，第 5 年后进入盛产期，树龄到达 15 年后就进入了衰退期。黄土高原退耕还林工程中，沙棘树的林分稳定密度一般为 1445 株（丛）/公顷，期初的栽植密度一般是 2223 株（丛）/公顷（于金娜和姚顺波，2012）。因为沙棘树是雄雌异株的，种植雄树雌树的比例一般为 1∶8，据此估算沙棘林分稳定密度中雄树密度为 145 株（丛）/公顷，雌树密度为 1300 株（丛）/公顷。

雄沙棘单株的鲜叶产量为 6 千克，雌沙棘单株的沙棘果产量为 4 千克，按照上文的土地地力折算后，新鲜沙棘叶产量为 435 千克/公顷，沙棘果产量为 2.6 吨/公顷。根据农户调研数据，沙棘叶的收购价为 1 元/千克，沙棘果的收购价为 2.4 元/千克。由以上研究成果，可以得出沙棘树在第 5 年进入盛产期后的总收入为 6675 元/（公顷·年）。

单株沙棘苗木的成本为 0.06 元，而沙棘的初始栽植密度为 2223 株/公顷，所以购买沙棘树苗的成本为 133.38 元/公顷（于金娜，2014）。沙棘前三年都要进行除草管护，每年除草松土 6~7 次；每年需施肥两次，施用量为 225~300 千克/公顷，在沙棘林郁闭之后不除草，只需施肥以保证沙棘叶和沙棘果的产量。沙棘因生物产量高、热值大，进入衰退期后农户一般将其作为薪柴使用，不产生收益。除草、采伐由农户自己进行，故不计算成本，而施肥成本按 450 元/（公顷·年）计算。

由于沙棘在第 15 年后进入衰退期，假设第 16 年起沙棘只产沙棘叶而不产沙棘果，因此确定沙棘的采伐期为 15 年。根据模型（4 - 18），可得到农户选择种植沙棘的净现值为 74502 元/公顷，换算成年值为 6468.64 元/公顷。

3. 退耕还草模型分析

牧草种子、肥料等成本为 1890 元/公顷。较低、中等和较高生产力的牧草地分别能生产 3 吨/公顷、6 吨/公顷和 10 吨/公顷干草（李蕊超和林慧龙，2014），结合退耕还草工程的土地地力状况，将退耕还草地按照低等生产力的牧草地进行研究。根据"一亩田牧草网"网站的统计数据，牧草价格为 1000~1200 元/吨，选取 1100 元/吨进行计算。

结合退耕还草工程的补偿年限，确定牧草种植的时间为 3 年，根据模型（4 - 19），可得到农户选择种植牧草的净现值为 15466 元/公顷，换算成年值为 5520.26 元/公顷。

4. 继续农田耕作模型分析

吴起县复种类型属于一年一熟（冯艳斌，2013），所以按照不复种考虑，得到吴起县粮食单产预测模型（4 - 28）：

$$\tilde{f}(t) = 1171.3\ln(t) + 683.4 \qquad (4 - 28)$$

其中 $R^2 = 0.993$，假设 1996 年为起始年。

按照陕西省粮食补助和最低收购价政策，2015 年陕西省粮食综合补助为 1005 元/公顷，玉米最低收购价为 2.26 元/千克。结合市场调研数据，玉米种子、化肥、农药等成本共计约为 3000 元/公顷。结合退耕林地的土地地力状况，根据模型（4 - 20）可以得到农户选择继续农田耕作的年值为 2516.51 元/公顷。

最后，确定退耕还林工程政策条件下的农户最优决策。由于退耕还林工程中农户决策集的主要作物最优收获期间不一致，为了便于比较，将各决策类型的比较期间进行统一，同时假设政府对于退耕还林工程的各决策类型补偿只进行一轮，其他影响因素不变。由以上研究结果可以得到：$A(t \mid A \rightarrow F_j) > A(t \mid A \rightarrow H) > A(t \mid A \rightarrow F_s) > A(t \mid A \rightarrow N)$。按照农户决策模型（4 – 22）可以得出：在退耕还林工程的补偿政策下，将会激励农户决策参与经济林建设。

4.2.2.2 政府最优补偿标准分析

农户对于退耕还林工程的最优决策是参与经济林建设，政府若要调整农户的决策类型，则需进一步提高相应决策类型的补偿标准。为了简化计算，假设政府仍按年金形式发放补偿，则政府最优补偿标准提高的程度可根据模型（4 – 23）得到。

政府若要调整农户的决策类型，则需进一步提高相应类型的补偿标准，若要使农户的最优决策调整为生态林建设，则需再给予农户 3791.12 元/（公顷·年）的补偿；若要使农户的最优决策调整为退耕还草建设，则需再给予农户 948.37 元/（公顷·年）的补偿。

研究中提出的退耕还林工程的最优补偿标准的算法，也可以推广到其他决策项目中去。如果能再结合意愿价值评估法和机会成本法，将会使研究方法得到进一步改善，为更科学地确定退耕还林工程的补偿标准提供依据。研究过程中仍然存在着一些不足之处，比如退耕林地按照中等产出土地考虑，未考虑区域差异和作物差别；仅考虑了政府补偿以年金形式发放等。

4.3 本章小结

本章基于比较优势理论构建了农户参与退耕还林工程的驱动机理分析框架及模型，推导出了提升农户参与退耕还林工程的三条路径：提高林地的相对补贴标准、降低林地相对成本和提高林地相对收入。利用吴起县四期调查数据，实证分析了农户参与退耕还林工程驱动因素的动态演化过程。总体说来，农户参与退耕还林工程受多方面因素影响，主要驱动因素是林地与耕地的收入差值、转换成本和劳动量差值。农户参与退耕还林工程的驱动因素并非静态的，而是既有持续作用的因素，例如转换成本，又有随时期动态变化的因素，比如前期的补贴差值、后期的收入差值。

之后，在当期退耕还林工程政策条件下，本章分析了农户的最优决策。在已有研究成果的基础上，从农户视角出发，基于竞租理论，对于退耕还林工程的农户决策集进行了分析，并建立了决策模型。通过对陕西省退耕还林工程的典型代表——吴起县的 4 种经营类型的主要作物品种进行实证分析发现：该区域刺槐的最优轮伐期为 18.36 年；退耕还林工程政策将会激励农户参与经济林建设。政府若要调整农户的决策类型，则需进一步提高相应类型的补偿标准，若要使农户的最优决策调整为生态林建设，则需再给予农户3791.12 元/(公顷·年) 的补偿；若要使农户的最优决策调整为退耕还草建设，则需再给予农户 948.37 元/(公顷·年) 的补偿。

第5章 农户群体参与退耕还林工程的供给曲线

本章在第 4 章研究的基础上,通过理论分析得到农户群体退耕林地供给可能性曲线,之后通过林地占农地面积比例变化验证农户群体退耕林地供给可能性曲线,然后实证分析退耕还林工程政策对耕地数量的影响,进而得到陕西省及各地市的退耕还林工程退耕林地供给曲线,最后分析退耕林地供给的影响因素。

5.1 农户群体退耕林地供给可能性曲线分析

退耕还林工程的目的是恢复和重建生态系统,将宜林地中的耕地转化为林地,提高宜林地中的耕地向林地转化的水平,调整宜林地这一稀缺资源的配置。为了实现这个目标,国家采取了一系列配套政策,其主要思路是给予利益受损者适当的经济补偿,激励其退出耕地,参与退耕还林工程建设,以增加林地面积(这里及下面所指的"林地"和"耕地"均指宜林地中的林地和耕地),提高宜林地中林地的比重。

目前,多数学者从静态比较的视角对退耕还林工程补偿标准和决策行为进行了论述,但对动态均衡视角的退耕还林工程的全过程路径和内在驱动机理研究不足。韩洪云等以时点机会成本均值的方法,按照不同补偿原则下的测算结果发现,绝大多数退耕农户补贴严重不足(韩洪云和喻永红,2014)。孙新章等基于退耕还林的效益和实施过程中出现的问题,认为延长补偿期限是大势所趋，但补偿标准可适当降低（孙新章和谢高地，2007）。李国平等通过数值模拟探讨南北不同地区收益不确定条件下成本收益等额补偿的转换边界，结果表明农户退耕的机会成本随时间和地域变动而变动，建议其退耕补偿标准也应随之变动（李国平和石涵予，2015）。于金娜等以期间机会成本现值的方法，对预测的农户未来林业收益的净现值与未来农业收益的净现值进行比较，认为当期退耕还林补偿标准低于理论上的补偿标准（于金娜和姚顺波，2012）。徐晋涛等以时点机会成本的方法，比较样本地块退耕还林前后的种植业收入和补偿标准，判断参与退耕还林工程的农户损益（徐晋涛等，2004）。吕金芝等构建了工程补偿标准的理论模型，认为采取降低每年退耕还林补偿标准并延长补偿年限的选择方案优于提高每年的退耕还林补偿标准而缩短补偿期的方案（吕金芝，2007）。以上的研究成果均是通过静态比较的方法进行研究，根据退耕还林地块的农业产出的预期收益或机会成本来确定农户参与退耕还林工程的损益，进而确定农户参与退耕还林工程的决策行为，然后修正农户参与退耕还林工程各类别的补偿标准。然而，这些研究对于退耕还林工程的动态变化过程和内在作用机理的研究不足，未能深入分析退耕还林工程各阶段的变化规律，对退耕还林工程后续政策的制定缺乏系统性考虑。因此，从动态均衡视角分析退耕还林工程的动态变化规律和内在驱动机理显得尤为重要。

对于动态均衡视角的研究，学者在农地使用权流转、劳动力供给等领域研究得较为充分。赵德起等通过政府视角进行了农地使用权流转的理论探索与政策选择研究，得到了政府行为下农地使用权市场流转的一般路径，认为政府补贴与最低限价政策可以较好地完善农地使用权流转市场，进而增加农民收入（赵德起和吴云勇，2011）。黎德福等构建了劳动力长期供给具有无限弹性的总供求模型，认为农业部门存在剩余劳动而使非农部门具有无限弹性的劳动供给，并使经济波动对就业的影响主要表现为劳动力转移速度的波动而非城镇失业率的变化（黎德福和唐雪梅，2013）。

综上所述，目前对宜林地中的林地和耕地的动态均衡研究不足，但对退耕还林工程中农户的决策行为和农地使用权流转、劳动力供给等领域的研究较多。本书通过动态均衡视角分析退耕还林工程的动态变化过程，研究退耕还林工程的动态变化规律,为我国的生态工程建设开拓新的研究思路,对相关政策的制定提供新的经济理论依据。

5.1.1 农户群体林地供给可能性曲线

假定宜林地为稀缺资源,由林地和耕地组成,而退耕还林工程就是将耕地转换为林地,所以可以根据政府开展退耕还林工程的各阶段政策对林地和耕地的转化可能进行分析,形成林地、耕地转化可能性曲线(见图5-1)。

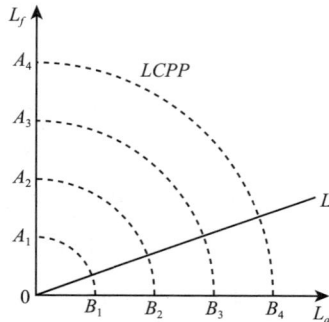

图5-1 林地、耕地转化可能性曲线

如图5-1所示,以政府开展退耕还林工程各阶段的政策为根据,绘出了不同时期林地、耕地转化的可能性曲线($LCPP$)。横轴L_a表示不同时期宜林地中耕地数量;纵轴L_f表示不同时期宜林地中林地数量。L为不同时期政府关于退耕还林工程的政策变迁,使得林地和耕地比重的波动情况。L线向上表明林地比重增加,L线向下表示林地比重减小。随着林地、耕地转化可能性曲线的外移,从0至$\overset{\frown}{A_4B_4}$代表了不同时期政府关于退耕还林工程的政策变迁,0~$\overset{\frown}{A_1B_1}$段表示退耕还林工程未开展前,农户自发选择林地、耕地时,形成的林地、耕地转化的可能性曲线。$\overset{\frown}{A_1B_1}$~$\overset{\frown}{A_2B_2}$段表示退耕还林工程进入启动阶段,形成的林地、耕地转化的可能性曲线。$\overset{\frown}{A_2B_2}$~$\overset{\frown}{A_3B_3}$段表示退耕还林工程进入成果巩固阶段,形成的林地、耕地转化的可能性曲线。$\overset{\frown}{A_3B_3}$~$\overset{\frown}{A_4B_4}$段表示退耕还林工程进入再启动阶段，形成的林地、耕地转化的可能性曲线。$\overset{\frown}{A_4B_4}$之后的阶段表示在没有新的退耕还林工程政策的情况下，形成的林地、耕地转化的可能性曲线。

结合第 4 章中林地、耕地的利润比较函数，可知调整林地、耕地动态均衡的方式有三种：一是提高补偿标准或降低税费；二是降低林地成本；三是提高林地产出收入水平。目前我国的退耕还林工程就是采用的第一种提高补偿标准的方式。这种方式虽简便易行，但随着退耕还林工程的逐步深入，宜林地资源稀缺、国家粮食安全要求控制耕地面积、林地边际效益递减等因素的综合影响将逐渐显现，提高林地、耕地的动态均衡水平的补偿标准将越来越高、困难也越来越大。第二种方式是降低林地成本，由于经营林地的劳动力、化肥、农药等成本费用与耕地相关性较大，而且其资金享受贴息政策，因此通过降低林地成本的方式提高林地、耕地的动态均衡水平的困难也很大。第三种方式是提高林地产出收入水平，这种方式潜力巨大。根据 2014 年的《第八次全国森林资源清查结果》数据，我国林地生产力低，人工林面积虽然达到了 0.69 亿公顷，但每公顷蓄积量只有 52.76 立方米，仅为世界平均水平 131 立方米的 40%，而且人工林地质量差的达到 54%，所以提高林地产出收入水平可以作为深化退耕还林工程的努力方向。

由于目前我国退耕还林工程采用的是提高补偿标准的方式，因此本书仅探讨提高补偿标准方式对调整林地、耕地动态均衡的影响。按照基本的经济学理论，退耕还林工程应符合边际效益递减规律。在退耕还林工程开展之前，宜林地中的耕地与林地之间已经形成了动态均衡。随着政府开展退耕还林工程，给予退耕林地造林一定的补偿，打破了原有的动态均衡，林地数量快速增加。由于宜林地是稀缺资源，随着耕地向林地转化比重的提高，耕地的边际效益将逐渐升高，而林地的边际效益将逐步降低，在耕地和林地的边际收益相等时，达到新的动态均衡。之后，林地和耕地的动态均衡将随着耕地或林地的补偿、生产成本、产出收入的变化而调整，进而形成新的动态均衡。

5.1.2　农户群体林地供给曲线预测

随着退耕还林工程的不断深入，退耕还林工程陆续经历了四个阶段，每个阶段由于退耕还林工程政策的变迁引起了各阶段的动态均衡的变化，形成了各阶段的林地、耕地转化曲线，各阶段的林地、耕地转化曲线汇合形成了退耕还林工程的全过程路径（见图 5-2）。

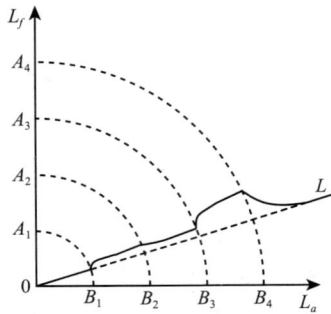

图 5-2　退耕还林工程全过程路径

如图 5-2 所示，$0 \sim \widehat{A_1B_1}$ 段表示由于尚未开展退耕还林工程，不存在退耕还林工程补偿，因此农户自发地形成了林地和耕地的初始动态均衡，产生了初始的林地、耕地转化曲线。$\widehat{A_1B_1} \sim \widehat{A_2B_2}$ 段为退耕还林工程的启动阶段，我国为了推动退耕还林工程的开展，给予了退耕还林工程补偿费和种苗造林补助费，使得林地、耕地利润比较函数中补偿变量 S_f 和耕地向林地转化的成本变量 CH_f 发生了变化，打破了 $0 \sim \widehat{A_1B_1}$ 段形成的初始动态均衡，这时林地收益大于耕地收益，出现了较大数量的退耕林地造林现象，但由于林地边际效益的下降和耕地边际效益的升高，最终林地和耕地将逐步形成新的动态均衡，因此这个阶段林地、耕地转化曲线前期快速上升，后期逐渐达到动态均衡，并形成这个阶段的林地、耕地转化曲线。

$\widehat{A_2B_2} \sim \widehat{A_3B_3}$ 段为退耕还林工程成果巩固阶段，我国为了巩固退耕还林工程已有成果，降低了退耕还林补偿费，使得林地、耕地利润比较函数中补助

变量 S_f 发生了变化，打破了 $\widehat{A_1B_1} \sim \widehat{A_2B_2}$ 段形成的动态均衡，耕地收益大于林地收益，林地和耕地转化曲线向耕地方向倾斜，将可能出现复耕现象。同时，由于这个阶段退耕还林补偿费与 $\widehat{A_1B_1} \sim \widehat{A_2B_2}$ 阶段相比变化较小，以及林地向耕地转化成本变量 CH_a 的限制，再加上林地边际效益上升和耕地边际效益降低的影响，这个阶段不会出现大面积的复耕现象，最终林地、耕地转化曲线将逐渐达到动态均衡，并形成这个阶段的林地、耕地转化曲线。

$\widehat{A_3B_3} \sim \widehat{A_4B_4}$ 段为退耕还林工程再启动阶段，我国为了进一步推动退耕还林工程开展，提高了退耕还林补偿费和种苗造林补助费，使得林地、耕地利润比较函数中补助变量 S_f 和耕地向林地转化的成本变量 CH_f 发生了变化，打破了 $\widehat{A_2B_2} \sim \widehat{A_3B_3}$ 段形成的动态均衡，这时与 $\widehat{A_1B_1} \sim \widehat{A_2B_2}$ 段相似，林地、耕地转化曲线前期快速上升，后期逐渐达到动态均衡，但由于这个阶段的补偿标准高于 $\widehat{A_1B_1} \sim \widehat{A_2B_2}$ 段，因此其动态均衡水平高于 $\widehat{A_1B_1} \sim \widehat{A_2B_2}$ 段，并形成这个阶段的林地、耕地转化曲线。

$\widehat{A_4B_4}$ 之后的阶段可能延续或停止退耕还林工程政策，如果延续退耕还林工程政策，可以参照以上方法开展研究。本书讨论后一种情况，假设停止退耕还林工程政策，即停止退耕还林补偿费和种苗造林补助费。由于停止了退耕还林补偿费和种苗造林补助费，使得林地、耕地利润比较函数中补助变量 S_f 和耕地向林地转化的成本变量 CH_f 发生变化，在其他影响因素不变的情况下，打破了 $\widehat{A_3B_3} \sim \widehat{A_4B_4}$ 段形成的动态均衡，耕地收益大于林地收益，林地和耕地转化曲线将向耕地方向倾斜，必会出现复耕现象。同时，由于林地向耕地转化成本变量 CH_a、林地边际效益上升和耕地边际效益降低的影响，使得林地、耕地转化曲线将逐渐达到动态均衡，并形成这个阶段的林地、耕地转化曲线。

5.2　林地占农地面积比例变化分析

上面分析了农户群体退耕还林工程林地供给的可能性曲线，下面通过陕

西省农地变化情况对其进行验证。首先界定农地及其分类的概念，其次通过
农地及其各分类的比例关系验证退耕还林工程林地供给的可能性曲线。

5.2.1 农地分类

根据《土地利用现状分类》GB/T21010 - 2017 和 2019 年修订的《中华人民共和国土地管理法》，农地也称农业用地，指直接用于农业生产的土地，包括耕地、园地、林地和草地等用地。本书主要指耕地、园地和草地。

耕地指种植农作物的土地，包括：熟地，新开发、复垦、整理地，休闲地（含轮歇地、轮作地）；以种植农作物（含蔬菜）为主，间有零星果树、桑树或其他树木的土地；平均每年能保证收获一季的已垦滩地和海涂。耕地中包括：南方宽度 < 1.0 米、北方宽度 < 2.0 米固定的沟、渠、路和地坎（埂）；临时种植药材、草皮、花卉、苗木等的耕地，以及其他临时改变用途的耕地。

园地指种植以采集果、叶、根、茎、汁等为主的集约经营的多年生木本和草本作物，覆盖度大于 50% 或每亩株数大于合理株数 70% 的土地。本书主要包括果园、茶园和桑园等。

林地指郁闭度 0.2 以上的乔木林地以及竹林地、疏林地、未成林造林地、灌木林地、采伐迹地、火烧迹地、苗圃地和县级以上人民政府规划的宜林地。

草地指生长草本和灌木植物为主并适宜发展畜牧业生产的土地。

5.2.2 陕西省农地变化分析

根据 1991 ~ 2017 年历年的《陕西统计年鉴》，可以得到农地中耕地、园地、林地和牧草地的数量变化（见图 5 - 3）。

如图 5 - 3 所示，1990 ~ 2016 年农地四种地类变化表现出以下特征：第一，耕地面积数量有先下降后缓慢上升的趋势，从 1990 年的 353.30 万公顷下降到 2006 年的 278.33 万公顷，之后缓慢上升到 2016 年的 291.51 万公顷，其

（万公顷）

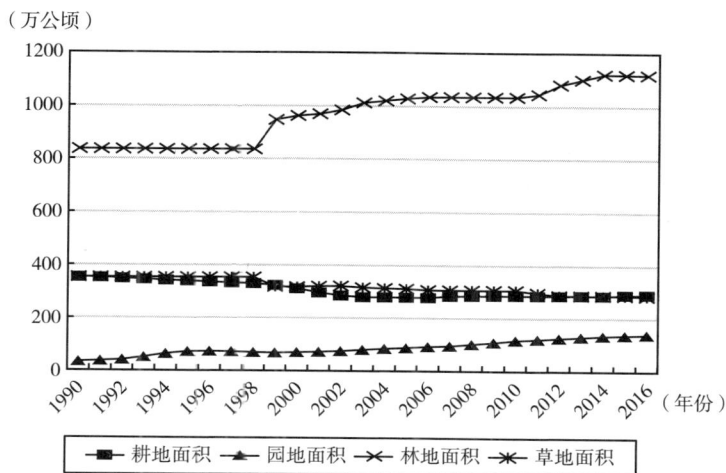

图 5 - 3　1990 ~ 2016 年四种地类数量变化

中 1999 ~ 2006 年下降最为明显，这可能与 1999 年开始的退耕还林工程在陕西省试点实施有关。第二，林地面积数量呈现出逐渐增加趋势，从 1990 年的 836. 30 万公顷增长为 2016 年的 1119. 40 万公顷，其中 1999 ~ 2006 年增长最为明显，其原因同上。第三，园地面积数量逐年增长，从 1990 年的 19. 20 万公顷增长为 2016 年的 82. 00 万公顷，年均增长幅度较为一致。第四，草地面积逐年下降，从 1990 年的 353. 50 万公顷下降为 2016 年的 285. 40 万公顷。

5.2.3　林地占农地比例变化分析

以上表现了陕西省 1990 ~ 2016 年农地各地类的动态演化过程，下面通过农地及其各分类的比例关系验证退耕还林工程林地供给的可能性曲线。

退耕还林工程的目的是将不适宜农田耕作的耕地转化为林地或草地，而且按照规定，耕地退耕后属于林地，发放林权证。因此有必要结合上面数据，分析林地、林草地占农地的比例，同时由于园地主要是果园、茶园、桑园具有林地的特征，所以将园、林、草三种用地合计分析其占农地比例（见图 5 -4）。

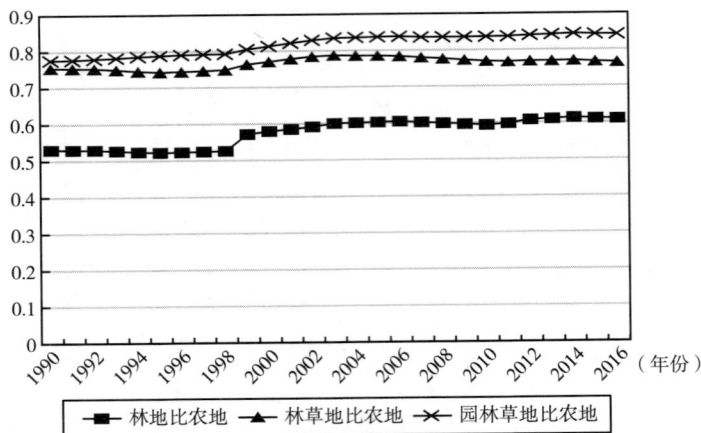

图 5 - 4　各地类占农地比例变化

如图 5 - 4 所示，林地占农地的比例变化过程分为三个阶段，前后两个阶段较为稳定，只有中间阶段快速增加，1990～1998 年在 0.5224～0.5305 之间，1999～2006 年间大幅增加，从 0.5262 升高为 0.6042，2007～2016 年在 0.5934～0.6125 之间。林草地占农地比例在 1990～1996 年持续降低，从 0.7547 降低为0.7441；1999～2003 年快速升高，从 0.7486 升高为 0.7868；2004～2016 年缓慢降低，从 0.7856 降低为 0.7650。园林草地占农地比例在 1990～1996 年缓慢降低，从 0.7547 降低为 0.7441；1999～2003 年快速升高，从 0.7486 升高为0.7868；2004～2016 年又缓慢降低，从 0.7856 降低为 0.7650。

5.2.4　林地与耕地比例变化分析

为了进一步研究退耕还林工程政策对林地与耕地的影响，下面分析林地与耕地的比例、林草地与耕地的比例和园林草地与耕地的比例（见图 5 - 5）。

如图 5 - 5 所示，林地与耕地的比例在 1990～1998 年从 2.3671 升高为2.5323，1999～2006 年大幅提高到 3.7175，之后在 2014 年上升为 3.9117，最后逐渐降低为 3.8400。林草地与耕园地的比例在 1990～1995 年持续降低，从3.0768 降低为 2.8953；之后快速升高到 2003 年的 3.6915；然后缓慢降低为

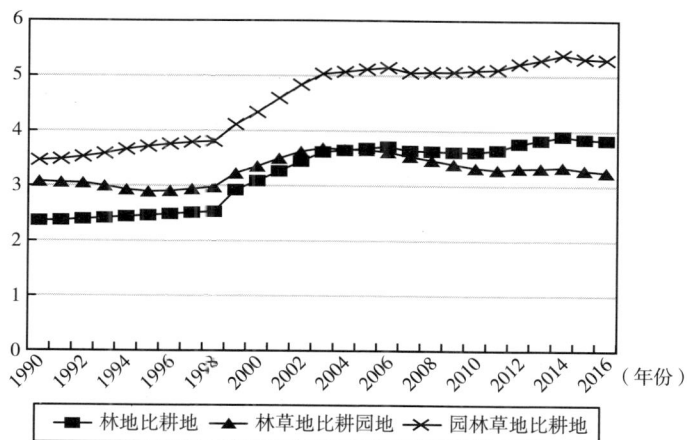

图 5 - 5　1990 ~ 2016 年各地类比例变化

3.2556。园林草地与耕地的比例在 1990 ~ 1998 年缓慢升高，从 3.4622 上升为 3.8124；1999 ~ 2006 年快速升高到 5.1527；之后逐渐稳定，在 5.059 ~ 5.3855 间波动。

综上所述，林地占农地的比例变化过程基本符合退耕还林工程林地供给的可能性曲线的预测结果。在 1990 ~ 1998 年由于尚未开展退耕还林工程，不存在退耕还林工程补偿，因此农户自发地形成了林地和耕地的初始动态均衡。1999 ~ 2006 年为退耕还林工程的启动阶段，我国为了推动退耕还林工程的开展，给予了退耕还林工程补偿费和种苗造林补助费，打破了已经形成的初始动态均衡，林地、耕地转化曲线前期快速上升，后期逐渐达到动态均衡。2007 ~ 2014 年为退耕还林工程成果巩固阶段，降低了退耕还林补偿费，使得林地和耕地转化曲线向耕地方向倾斜，但受林地向耕地转化成本变量的限制，再加上林地边际效益上升和耕地边际效益降低的影响，使得这个阶段没有出现大面积的复耕现象，最终林地、耕地转化曲线逐渐达到动态均衡。2014 ~ 2016 年为退耕还林工程再启动阶段，提高了退耕还林补偿费和种苗造林补助费，与 1999 ~ 2006 年相似，林地、耕地转化曲线前期快速上升，后期逐渐达到动态均衡，由于这个阶段的补偿标准高于 1999 ~ 2006 年，因此其动态均衡水平高于 1999 ~ 2006 年。

5.3 退耕还林工程政策对耕地数量影响分析

上面从农地的四种地类数量变化、林地占农地比例变化及各地类比例变化等方面分析了陕西省1990~2016年的林地变化情况。其中，1999~2006年林地、耕地等数据出现了较大幅度的变化，这个时间段正是退耕还林工程启动阶段，那么林地的增加和耕地的减少的主要原因是否为退耕还林工程政策？下面结合数据可获得性，分析退耕还林工程政策对耕地数量的影响。

5.3.1 研究方法

根据第4章中的理论分析，选取如下变量：耕地面积、累积退耕量、补偿标准、粮食总产量、劳动力数量、第一产业增加值、存款数量。累积退耕量和补偿标准表征退耕还林工程政策对耕地数量的影响；劳动力数量和粮食总产量表征耕地效益对耕地数量的影响；存款数量和第一产业增加值表征经济因素对耕地数量的影响。建立模型式（5-1）：

$$gd = a_0 + a_1 ltg + a_2 bc + a_3 lc + a_4 nl + a_5 yz + a_6 ck + \mu_i \qquad (5-1)$$

式（5-1）中：gd 为耕地数量；ltg 为累积退耕量；bc 为补偿标准；lc 为粮食产量；nl 为劳动力数量；yz 为第一产业增加值；ck 为存款数量。

各变量预期方向分析：累积退耕量的增加挤占了耕地面积，使耕地面积减少，因此其预期方向为负；补偿标准提高激励农户参与退耕还林，使耕地面积减少，因此其预期方向为负；粮食产量增加需要更多的耕地面积支撑，因此其预期方向为正；耕地相较其他农地类型需要更多的劳动力投入，因此需要更多的劳动力数量，因此其预期方向为正；第一产业增加值变量既包括耕地收入增加值，又包括其他农地收入的增加值，因此其预期方向既可能为正，又可能为负；存款数量是农户家庭的可支配资金数量，其多寡更多来源于非农业收入，因此其预期方向为负。基于上面的分析，预测各变量的方向如表 5 - 1 所示。

表 5 - 1 变量的解释说明和预期方向

变量类别	变量名称	变量代号	解释说明	预期方向
被解释变量	耕地面积	gd	年末耕地面积（万公顷）	
政策	累积退耕量	ltg	累计退耕还林工程退耕林地数量（万公顷）	-
	补偿标准	bc	退耕还林工程补偿标准（元）	-
耕地效益	粮食产量	lc	粮食总产量（吨）	+
	劳动力数量	nl	农林牧渔劳动力数量（万人）	+
经济因素	第一产业增加值	yz	第一产业增加值（万元）	+（-）
	存款数量	ck	年末存款余额（万元）	-

5.3.2 数据基本特征

为了研究退耕还林工程政策对耕地数量的影响，本书选取了 1999～2007 年的《中国县域统计年鉴》《陕西统计年鉴》和陕西省林业厅退耕还林的统计数据。为了使数据统一，将 2000 年作为基期，各期数据按照同期粮食价格指数折算。对各变量进行的描述性统计分析如表 5 - 2 所示。

表 5 - 2 变量描述性统计

变量		1999 年	2000 年	2001 年	2002 年	2003 年	2004 年	2005 年	2006 年
耕地面积（万公顷）	均值	3.247	3.113	2.953	2.836	2.763	2.773	2.774	2.768
	标准差	1.975	1.901	1.734	1.817	1.793	1.825	1.808	1.845
累积退耕量（万公顷）	均值	0.225	0.280	0.331	0.598	0.890	0.931	1.053	1.067
	标准差	0.484	0.527	0.557	0.793	0.927	0.952	1.048	1.061
补偿标准（元）	均值	182.529	188.657	189.347	190.340	180.153	164.909	161.849	156.376
	标准差	32.892	34.289	33.525	32.452	30.115	26.629	24.826	23.623
粮食产量（吨）	均值	10.848	11.128	10.250	11.405	10.242	11.897	11.942	12.574
	标准差	8.553	8.051	7.888	10.128	7.825	8.318	8.708	9.161
劳动力数量（万人）	均值	10.152	9.738	9.596	10.290	9.584	9.272	9.214	9.211
	标准差	6.826	6.599	6.556	9.089	6.613	6.532	6.516	6.477

变 量		1999 年	2000 年	2001 年	2002 年	2003 年	2004 年	2005 年	2006 年
第一产业增加值（万元）	均值	26320	25946	26451	30571	28252	34192	38436	42978
	标准差	20102	18310	19206	26744	19496	23111	26918	29844
存款数量（万元）	均值	63482	69545	77574	95369	101986	115034	136066	157366
	标准差	54825	59736	68509	95089	90023	100528	116551	134821

如表 5 - 2 所示，耕地面积在 1999 ~ 2003 年快速下降，之后较为稳定，从 1999 年的 3.247 万公顷降低到 2003 年的 2.763 万公顷，之后稳定在 2.770 万公顷附近，与上节耕地面积下降时间段一致。累积退耕量持续增加，从 1999 年的 0.225 万公顷增加到 2006 年的 1.067 万公顷。补偿标准在 1999 ~ 2002 年有所增长，之后逐年降低，从 1999 年的 182.529 元增长为 2002 年的 190.340 元，之后逐年降低为 2006 年的 156.376 元。粮食产量有所增加，从 1999 年的 10.848 万吨增加到 2006 年的 12.574 万吨。劳动力数量逐渐减少，从 1999 年的 10.152 万人减少为 2006 年的 9.211 万人。第一产业增加值有所增加，从 1999 年的 26320 万元增加到 2006 年的 42978 万元。存款数量逐年快速增加，从 1999 年的 63482 万元增加到 2006 年的 157366 万元。

5.3.3 实证分析

采用 STATA 14.0 软件，利用模型（5 - 1）对 1999 ~ 2006 年的八期面板数据进行初始回归，检验结果存在异方差，不存在多重共线性，无内生性解释变量，对于存在异方差的问题，进行了怀特异方差修正。通过豪斯曼（Hausman）检验，采用固定效应模型，在此基础上，仍用模型（5 - 1）进行第二次回归估计，结果见表 5 - 3。

表 5 - 3 模型回归结果

变量名称	变量代号	系数	标准误	t	p
累积退耕量	ltg	- 0.254 ***	0.0305971	- 8.31	0.000
补偿标准	bc	- 0.003 ***	0.0011676	- 2.61	0.009
粮食产量	lc	0.002	6.41×10^{-7}	0.31	0.753

变量名称	变量代号	系数	标准误	t	p
劳动力数量	nl	0.030 ***	0.0077397	3.82	0.000
第一产业增加值	yz	-6.44×10^{-6} ***	1.97×10^{-6}	-3.27	0.001
存款数量	ck	-8.03×10^{-7} **	3.47×10^{-7}	-2.31	0.021
常数项		3.590 ***	0.2223792	16.15	0.000
样本量		696			
F		29.39 (0.000)			
$R-sq$：within		0.2263			
between		0.1428			
overall		0.1300			

注：***、** 和 * 分别表示在 1%、5% 和 10% 的水平上显著。括号内的数字是 p 值。

先进行检验，其结果不存在异方差，不存在多重共线性，无内生性解释变量。通过豪斯曼检验，p 值为 0.000，采用固定效应模型。由表 5-3 可知，回归结果中 F 值较大，在 95% 的显著性水平下的 p 值均为 0.0000，说明模型非常显著；调整的判定系数较高，说明模型回归结果对样本数据拟合较好。通过在模型中逐渐加入变量的方法检验模型的稳健性（梁婧等，2015），各变量作用方向未发生变化，主要解释变量的显著性未受影响，表明研究结果具有稳健性。

（1）政策因素对耕地数量的影响分析。政策因素包括累积退耕量和补偿标准两个变量。这两个变量对被解释变量均有负向影响，且均通过了 1% 的显著性检验。结合耕地数量前期快速减少，后期逐渐稳定，以及累积退耕量逐年增加，补偿标准前期增大，后期逐渐减小，表明累积退耕量和补偿标准是耕地面积减少的主要原因。

（2）耕地效益因素对耕地数量的影响分析。耕地效益因素包括粮食产量和劳动力数量两个变量。其中，粮食产量变量对被解释变量有正向影响，但未通过显著性检验。结合粮食产量在 1999~2006 年间有所增加，表明粮食产量变量不是耕地数量变化的主要影响因素。劳动力数量变量对被解释变量有正向影响，且通过了1%的显著性检验。结合劳动力数量逐渐减少的趋势，表明劳动力数量变量是耕地面积减少的主要原因之一。

（3）经济因素对耕地数量的影响分析。经济因素包括第一产业增加值和存款数量两个变量。这两个变量对被解释变量均有负向影响，且第一产业增加值通过了1%的显著性检验，存款数量通过了5%的显著性检验。结合第一产业增加值和存款数量逐年增加的趋势，表明第一产业增加值和存款数量是耕地面积减少的主要原因。

以上分析结果表明，陕西省开展退耕还林工程以来，累积退耕量、补偿标准、劳动力数量、第一产业增加值和存款数量是促使耕地数量减少的主要影响因素。验证了上面提出的退耕还林工程政策促进了耕地转化为林地、耕地数量有所减少的假设。

5.4　退耕还林工程的林地供给曲线

以上分析了退耕还林工程政策对陕西省耕地数量的影响，验证了退耕还林工程政策促进耕地转化为林地、耕地数量有所减少的假设。为了绘制退耕还林工程中的林地供给曲线，本书采用结果导向的研究方法。

传统的环境治理偏重于过程导向的项目治理，忽视了环境治理结果的重要性，其结果往往是只见树木不见森林，因此环境治理理念应当转向以结果为导向的区域性环境治理理念（曹树青，2013）。

结果导向是ISO质量管理体系、绩效管理理论中的基本概念和核心思想之一，即强调经营、管理和工作的结果（经济与社会效益和客户满意度），经营管理和日常工作中表现出来的能力、态度均要符合结果的要求。结果管理指以结果为导向的管理，主要包括确立明确的使命和战略目标、根据使命和战略目标制定年度绩效计划和绩效目标，并使用绩效信息以促进项目预期结果的实现（Government Accountability Office，2009）。目前结果导向型研究主要有：吴建寨等（2011）采用生态修复目标导向，以永定河（北京段）为例进行了实证研究，提出了永定河（北京段）河流修复生态功能分区

方案，并结合区域社会经济发展状况和相关发展规划等因素，提出各区段的
生态修复调控指标；尚虎平（2015）对结果导向的政府绩效评估的操作性进
行了矫正。

基于结果导向分析方法（孙克竞，2017），本书按照已经形成的退耕还林
工程事实，根据退耕还林工程不同年份的补偿标准与退耕林地数量，得到以
下林地供给曲线。

5.4.1　陕西省退耕还林工程退耕林地供给曲线

基于结果导向分析方法，得到陕西省退耕还林工程退耕林地供给曲线
（见图 5 −6）。

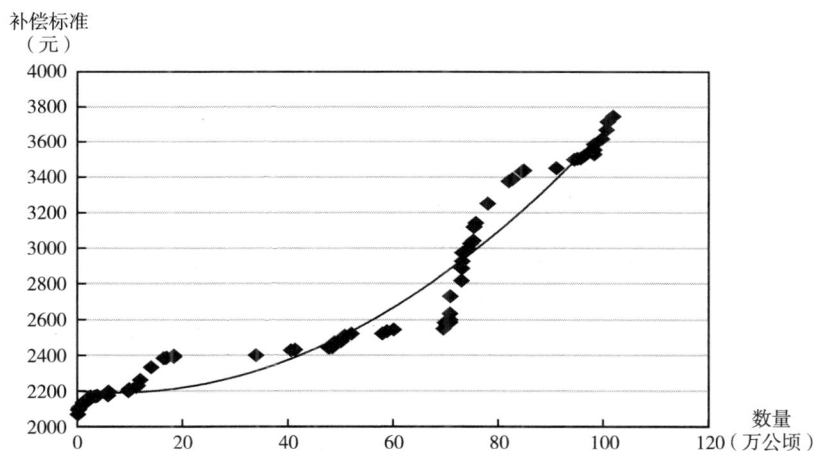

图 5 −6　陕西省退耕还林工程林地供给曲线

利用 STATA 14.0 软件进行二次曲线估计回归，可以得到陕西省补偿标准
与退耕林地数量的关系模型（5 −2）：

$$s(q) = 2200.261 - 2.502q + 0.171q^2 \qquad (5-2)$$

其中 $R^2 = 0.945$，且 t 检验在 1% 的置信区间上通过检验。

5.4.2　陕西省分地区退耕还林工程退耕林地供给曲线

5.4.2.1　陕北地区

基于结果导向分析方法，得到陕北地区退耕还林工程退耕林地供给曲线（见图 5 - 7）。

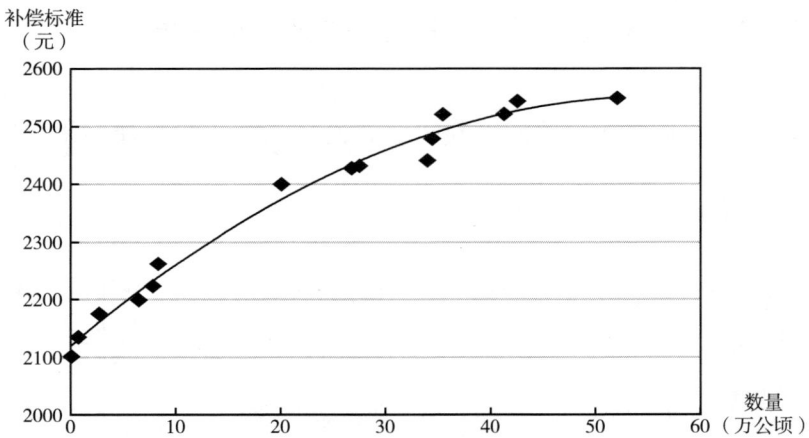

图 5 - 7　陕北地区退耕还林工程林地供给曲线

利用 STATA 14.0 软件进行二次曲线估计回归，可以得到陕北地区补偿标准与退耕林地数量的关系模型（5 - 3）：

$$sn(qn) = 2119.415 + 15.425qn - 0.137qn^2 \qquad (5-3)$$

其中 $R^2 = 0.985$，且 t 检验在 1% 的置信区间上通过检验。

5.4.2.2　关中地区

基于结果导向分析方法，得到关中地区退耕还林工程退耕林地供给曲线（见图 5 - 8）。

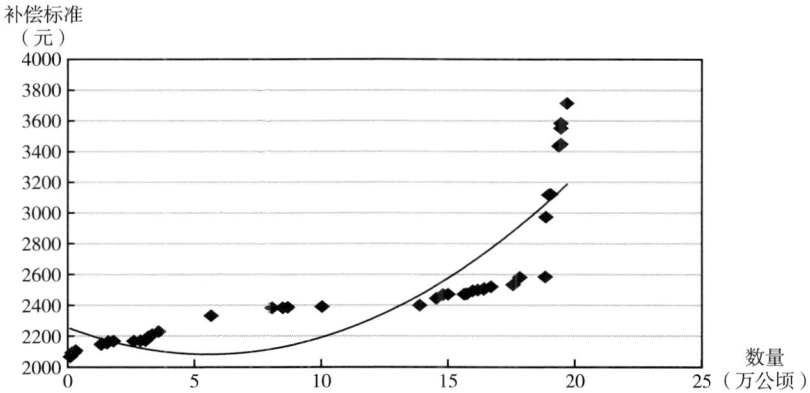

图 5 - 8　关中地区退耕还林工程林地供给曲线

利用 STATA 14.0 软件进行二次曲线估计回归，可以得到关中地区补偿标准与退耕林地数量的关系模型（5 - 4）：

$$sm(q_m) = 2255.552 - 61.861 q_m + 5.544 q_m^2 \qquad (5 - 4)$$

其中 $R^2 = 0.758$，且 t 检验在 1% 的置信区间上通过检验。

5.4.2.3　陕南地区

基于结果导向分析方法，得到陕南地区退耕还林工程退耕林地供给曲线（见图 5 - 9）。

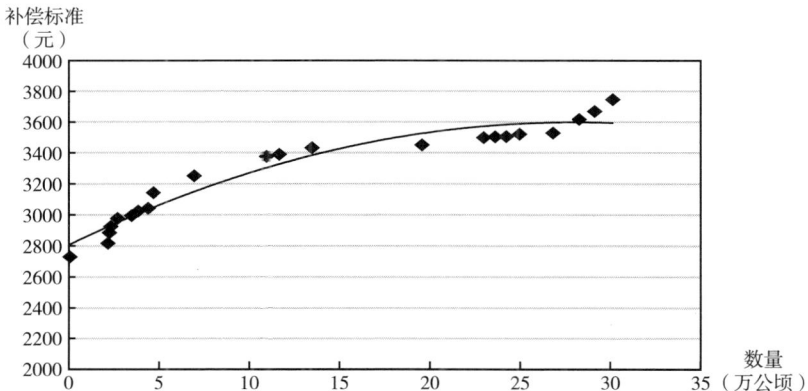

图 5 - 9　陕南地区退耕还林工程林地供给曲线

利用 STATA 14.0 软件进行二次曲线估计回归，可以得到陕南地区补偿标准与退耕林地数量的关系模型（5-5）：

$$ss(qs) = 2806.688 + 56.304qs - 1.002qs^2 \qquad (5-5)$$

其中 $R^2 = 0.942$，且 t 检验在 1% 的置信区间上通过检验。

5.4.3　陕西省各地市退耕还林工程退耕林地供给曲线

由于各区县地域较小，受自然环境和社会经济等因素影响较大，不利于反映退耕还林工程的林地供给情况，因此本书选择陕西省十个地市为对象，绘制地市级的退耕还林工程林地供给曲线。

5.4.3.1　西安市

基于结果导向分析方法，得到西安市退耕还林工程退耕林地供给曲线（见图 5-10）。

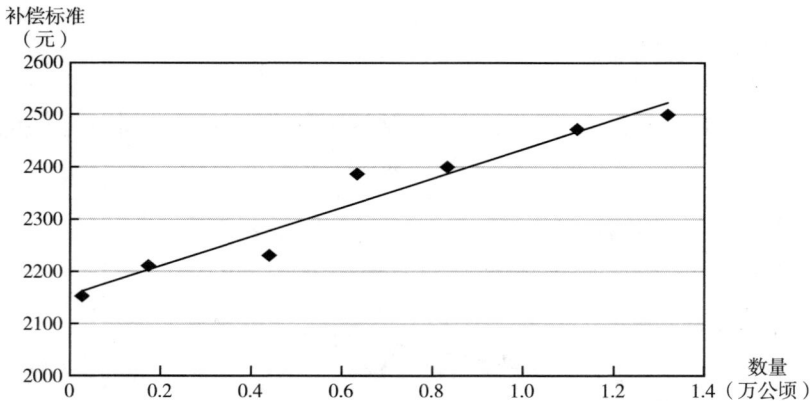

图 5-10　西安市退耕还林工程林地供给曲线

利用 STATA 14.0 软件进行线性估计回归，可以得到西安市补偿标准与退耕林地数量的关系模型（5-6）：

$$sxa(qxa) = 2155.06 + 278.779qxa \qquad (5-6)$$

其中 $R^2 = 0.945$，且 t 检验在 1% 的置信区间上通过检验。

5.4.3.2　铜川市

基于结果导向分析方法，得到铜川市退耕还林工程退耕林地供给曲线（见图 5 - 11）。

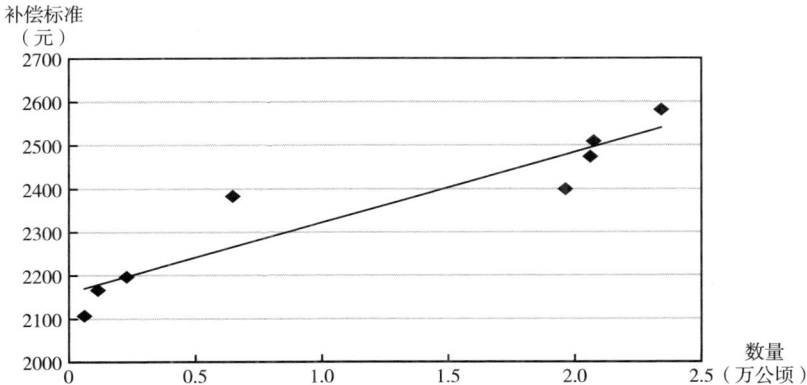

图 5 - 11　铜川市退耕还林工程林地供给曲线

利用 STATA 14.0 软件进行线性估计回归，可以得到铜川市补偿标准与退耕林地数量的关系模型（5 - 7）：

$$stc(qte) = 2160.343 + 162.024qtc \tag{5 - 7}$$

其中 $R^2 = 0.876$，且 t 检验在 1% 的置信区间上通过检验。

5.4.3.3　宝鸡市

基于结果导向分析方法，得到宝鸡市退耕还林工程退耕林地供给曲线（见图 5 - 12）。

利用 STATA 14.0 软件进行线性估计回归，可以得到宝鸡市补偿标准与退耕林地数量的关系模型（5 - 8）：

$$sbj(qbj) = 1789.004 + 281.778qbj \tag{5 - 8}$$

其中 $R^2 = 0.795$，且 t 检验在 1% 的置信区间上通过检验。

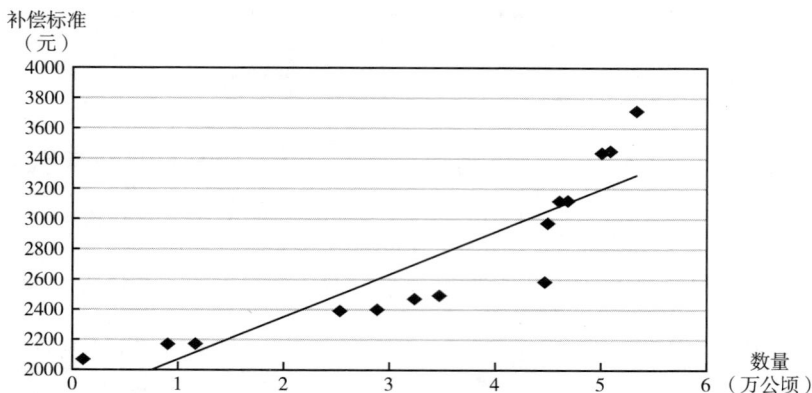

图 5 - 12　宝鸡市退耕还林工程林地供给曲线

5.4.3.4　咸阳市

基于结果导向分析方法，得到咸阳市退耕还林工程退耕林地供给曲线（见图 5 - 13）。

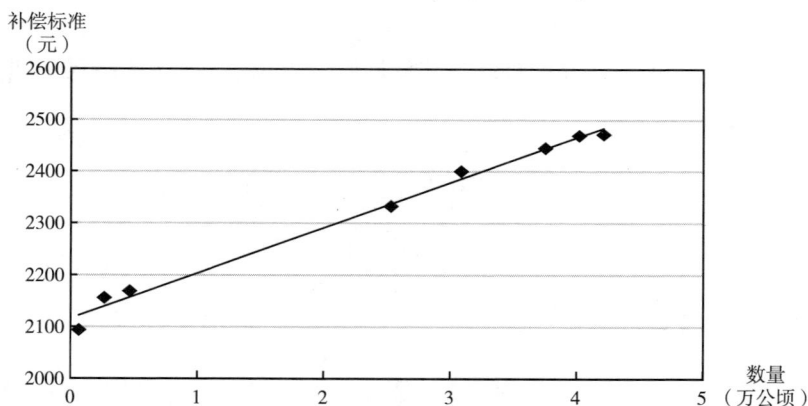

图 5 - 13　咸阳市退耕还林工程林地供给曲线

利用 STATA 14.0 软件进行线性估计回归，可以得到咸阳市补偿标准与退耕林地数量的关系模型（5 - 9）：

$$sxy(qxy) = 2116.331 + 87.255qxy \qquad (5-9)$$

其中 $R^2 = 0.990$，且 t 检验在 1% 的置信区间上通过检验。

5.4.3.5 渭南市

基于结果导向分析方法，得到渭南市退耕还林工程退耕林地供给曲线（见图 5 – 14）。

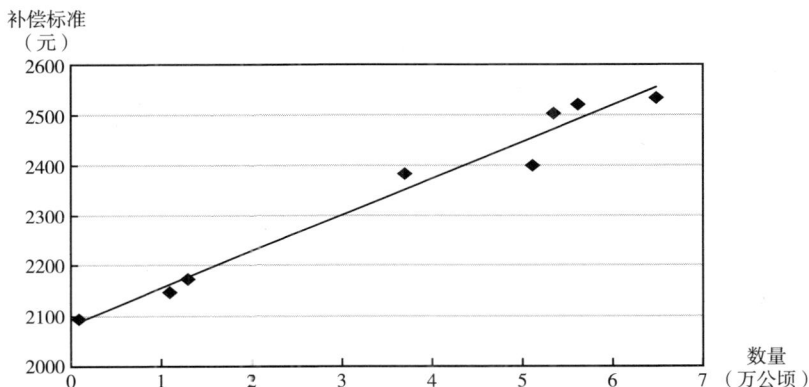

图 5 – 14 渭南市退耕还林工程林地供给曲线

利用 STATA 14.0 软件进行线性估计回归，可以得到渭南市补偿标准与退耕林地数量的关系模型（5 – 10）：

$$swn(qwn) = 2083.097 + 72.860qwn \qquad (5-10)$$

其中 $R^2 = 0.971$，且 t 检验在 1% 的置信区间上通过检验。

5.4.3.6 延安市

基于结果导向分析方法，得到延安市退耕还林工程退耕林地供给由线（见图 5 – 15）。

利用 STATA 14.0 软件进行线性估计回归，可以得到延安市补偿标准与退耕林地数量的关系模型（5 – 11）：

$$sya(qya) = 2150.725 + 14.015qya \qquad (5-11)$$

其中 $R^2 = 0.928$，且 t 检验在 1% 的置信区间上通过检验。

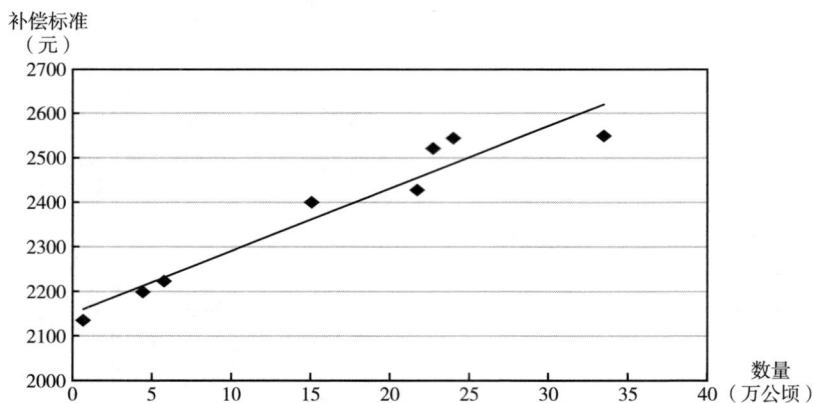

图 5 – 15　延安市退耕还林工程林地供给曲线

5.4.3.7　汉中市

基于结果导向分析方法，得到汉中市退耕还林工程退耕林地供给曲线（见图 5 – 16）。

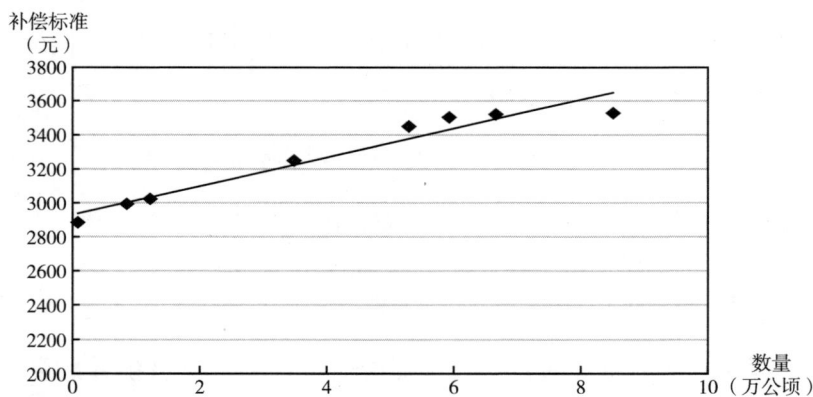

图 5 – 16　汉中市退耕还林工程林地供给曲线

利用 STATA 14.0 软件进行线性估计回归，可以得到汉中市补偿标准与退耕林地数量的关系模型（5 – 12）：

$$shz(qhz) = 2931.325 + 84.439qhz \qquad (5-12)$$

其中 $R^2 = 0.941$，且 t 检验在 1% 的置信区间上通过检验。

5.4.3.8　榆林市

基于结果导向分析方法，得到榆林市退耕还林工程退耕林地供给曲线（见图 5 – 17）。

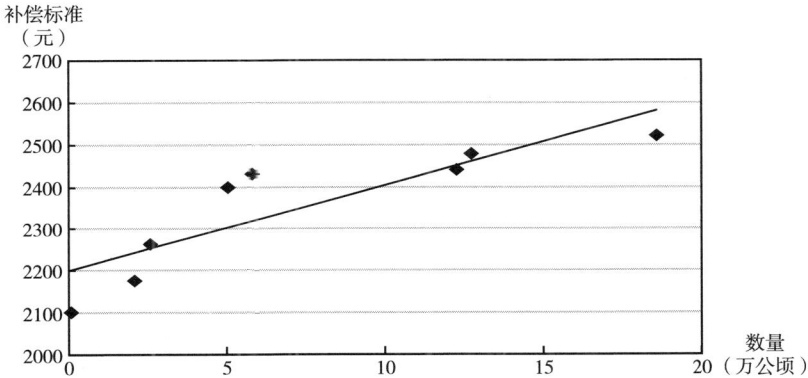

图 5 – 17　榆林市退耕还林工程林地供给曲线

利用 STATA 14.0 软件进行线性估计回归，可以得到榆林市补偿标准与退耕林地数量的关系模型（5 – 13）：

$$syl(qyl) = 2199.507 + 20.543qyl \qquad (5 - 13)$$

其中 $R^2 = 0.751$，且 t 检验在 1% 的置信区间上通过检验。

5.4.3.9　安康市

基于结果导向分析方法，得到安康市退耕还林工程退耕林地供给曲线（见图 5 – 18）。

利用 STATA 14.0 软件进行线性估计回归，可以得到安康市补偿标准与退耕林地数量的关系模型（5 – 14）：

$$sak(qak) = 2767.614 + 68.411qak \qquad (5 - 14)$$

其中 $R^2 = 0.946$，且 t 检验在 1% 的置信区间上通过检验。

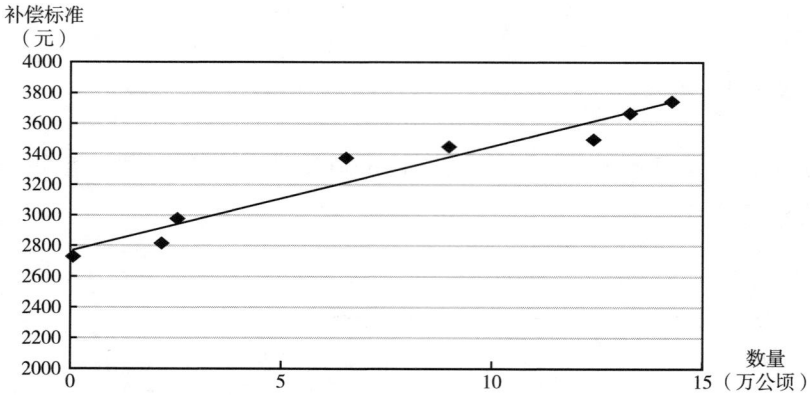

图 5 – 18　安康市退耕还林工程林地供给曲线

5. 4. 3. 10　商洛市

基于结果导向分析方法，得到商洛市退耕还林工程退耕林地供给曲线（见图 5 – 19）。

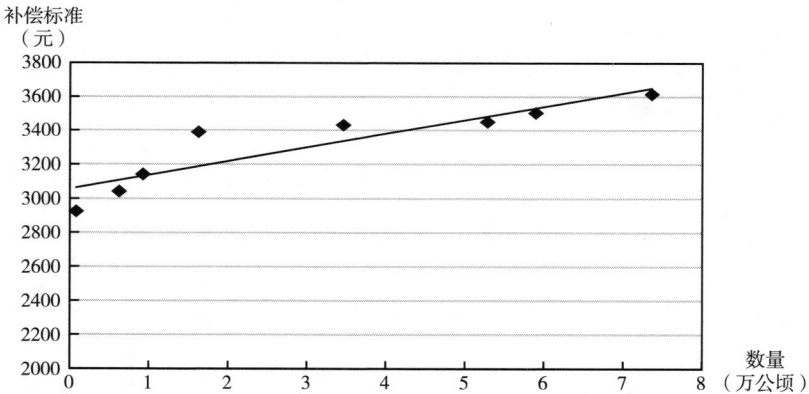

图 5 – 19　商洛市退耕还林工程林地供给曲线

利用 STATA 14. 0 软件进行线性估计回归，可以得到商洛市补偿标准与退耕林地数量的关系模型（5 – 15）：

$$ssl(qsl) = 3057.994 + 80.642qsl \qquad (5 - 15)$$

其中 $R^2 = 0.819$，且 t 检验在 1% 的置信区间上通过检验。

5.5　退耕林地供给影响因素分析

上面基于结果导向分析方法，根据退耕还林工程不同年份的补偿标准与退耕林地数量得到了陕西省、陕西三大地区（陕北、关中和陕南）及陕西十个地市的林地供给曲线。下面结合已有数据，分析退耕还林工程中林地供给的影响因素。

5.5.1　研究方法

根据第 4 章中的理论分析，选取如下变量：退耕量、补偿标准、粮食总产量、劳动力数量、第一产业增加值、存款数量、时间（期次）。补偿标准表征退耕还林政策对退耕林地数量的影响；劳动力数量和粮食总产量表征耕地效益对退耕林地数量的影响；存款数量和第一产业增加值表征经济因素对退耕林地数量的影响；时间（期次）表征时间对退耕林地数量的影响。为了减小异方差的影响，对模型两边的变量分别取对数，建立模型（5-16）：

$$\ln tg = a_0 + a_1\ln bc + a_2\ln lc + a_3\ln nl + a_4\ln yz + a_5\ln ck + a_6\ln t + \mu_i \quad (5-16)$$

式中：tg 为退耕林地面积；bc 为补偿标准；lc 为粮食产量；nl 为劳动力数量；yz 为第一产业增加值；ck 为存款数量；t 为时间（期次）。

式（5-16）中，各变量预期方向分析：补偿标准的提高会激发农户参与退耕还林工程的积极性，提高退耕林地数量，因此预期方向为正；粮食总产量的增加表明耕地收益的增加，不利于退耕林地数量的增加，因此预期方向为负；劳动力数量的增加有利于经营劳动密集型农业，更倾向于选择经营耕地，不利于退耕林地数量的增加，因此预期方向为负；第一产业增加值的增加表明农户更倾向于在农林牧渔等产业中选择参加收益更大的产业，不利于退耕林地数量的增加，因此预期方向为负；存款数量与第一产业增加值类似，其增加有利于农户在农林牧渔等产业中选择参加收益更大的产业，不利于退耕林地数量的增加，因此预期方向为负；随着时间的推移，中国支持退耕还林工程的资金、科技等投入持续增加（Wang Chunmei & Maclaren Virginia，2012），所以时间因素会促使退耕林地数量增加，因此预期方向为正。基于上面的分析，预测各变量的方向如表5-4所示。

表5-4 变量的解释说明和预期方向

变量类别	变量名称	变量代号	解释说明	预期方向
被解释变量	退耕林地面积	tg	每年退耕还林工程退耕林地数量（万公顷）	
政策因素	补偿标准	bc	退耕还林工程补偿标准（元）	+
耕地效益	粮食产量	lc	粮食总产量（吨）	−
	劳动力数量	nl	农林牧渔劳动力数量（万人）	−
经济因素	第一产业增加值	yz	第一产业增加值（万元）	−
	存款数量	ck	年末存款余额（万元）	−
时间因素	时间	t	各期次	+

5.5.2 数据基本特征

为了研究影响退耕还林工程的林地数量的主要因素，选取1999～2007年的《中国县域统计年鉴》《陕西统计年鉴》和陕西省林业厅退耕还林的统计数据。为了使数据统一，将2000年作为基期，各期数据按照同期粮食价格指数折算。对各变量进行描述性统计分析如表5-5所示。

表5-5 变量描述性统计

变 量		1999年	2000年	2001年	2002年	2003年	2004年	2005年	2006年
退耕量（万公顷）	均值	−2.212	−2.021	−2.537	−1.825	−1.539	−3.370	−2.506	−4.142
	标准差	1.295	0.594	0.949	1.080	0.921	0.695	1.044	0.680
补偿标准（元）	均值	5.192	5.225	5.229	5.235	5.181	5.093	5.076	5.042
	标准差	0.171	0.171	0.168	0.162	0.159	0.154	0.146	0.144
粮食产量（吨）	均值	1.984	2.125	1.943	2.095	1.989	2.205	2.189	2.252
	标准差	1.065	0.807	1.030	0.880	0.924	0.805	0.839	0.810
劳动力数量（万人）	均值	2.056	2.012	1.997	2.032	1.996	1.960	1.954	1.956
	标准差	0.804	0.803	0.801	0.814	0.793	0.791	0.790	0.787

续表

变　　量		1999 年	2000 年	2001 年	2002 年	2003 年	2004 年	2005 年	2006 年
第一产业增加值（万元）	均值	9.861	9.898	9.866	10.016	9.975	10.192	10.296	10.420
	标准差	0.869	0.780	0.887	0.837	0.820	0.765	0.784	0.760
存款数量（万元）	均值	10.671	10.778	10.867	11.061	11.161	11.280	11.465	11.547
	标准差	0.953	0.899	0.936	0.928	0.909	0.926	0.897	1.262
期次	均值	0	0.693	1.099	1.386	1.609	1.792	1.946	2.079
	标准差	0	0	0	0	0	0	0	0

如表 5 - 5 所示，退耕林地数量在 1999～2003 年有所增加，之后大幅降低，从 1999 年的 - 2.212 万公顷增加到 2003 年的 - 1.539 万公顷，之后减少到 - 4.142 万公顷。补偿标准在 1999～2002 年有所增长，之后逐年降低，从 1999 年的 5.192 元增长为 2002 年的 5.235 元，之后逐年降低为 2006 年的 5.042 元。粮食产量有所增加，从 1999 年的 1.984 吨增加到 2006 年的 2.252 吨。劳动力数量逐渐减少，从 1999 年的 2.056 万人减少为 2006 年的 1.956 万人。第一产业增加值有所增加，从 1999 年的 9.861 万元增加到 2006 年的 10.420 万元。存款数量逐年快速增加，从 1999 年的 10.671 万元增加到 2006 年的 11.547 万元。

5.5.3　实证分析

采用 STATA 14.0 软件，利用模型（5 - 16）对面板数据进行初始回归，检验结果存在异方差，不存在多重共线性，无内生性解释变量，对于存在异方差的问题，进行了怀特异方差修正。通过豪斯曼检验，模型采用固定效应模型，在此基础上，仍用模型（5 - 16）进行第二次回归估计，结果见表 5 - 6。

表 5 - 6　　　　　　　　　　模型回归结果

变量名称	变量代号	系数	标准误	t	p
补偿标准	$\ln bc$	8.072 ***	0.788	10.25	0.000
粮食产量	$\ln ic$	- 0.043	0.184	- 0.23	0.816
劳动力数量	$\ln nl$	0.430	0.416	1.03	0.302

变量名称	变量代号	系数	标准误	t	p
第一产业增加值	lnyz	− 0.465 *	0.269	− 1.73	0.085
存款数量	lnck	− 0.157	0.120	− 1.31	0.192
时间	lnt	0.231 ***	0.089	2.60	0.010
常数项		− 38.783 ***	5.780	− 6.71	0.000
样本量		542			
F		42.38 (0.000)			
R − sq：within		0.3606			
between		0.0650			
overall		0.1154			

注：***、** 和 * 分别表示在1%、5%和10%水平上显著。括号内的数字是 p 值。

先进行检验，其结果不存在异方差，不存在多重共线性，无内生性解释变量。通过豪斯曼检验，p 值为0.000，采用固定效应模型。如表5-6所示，各期回归结果中 F 值均较大，在95%的显著性水平下的 p 值均为0.0000，说明模型非常显著；调整的判定系数较高，说明模型回归结果对样本数据拟合较好。通过在模型中逐渐加入变量的方法检验模型的稳健性（梁婧等，2015），各变量作用方向未发生变化，主要解释变量的显著性未受影响，表明研究结果具有稳健性。

（1）政策因素对退耕林地数量的影响分析。政策因素主要是补偿标准变量对退耕林地数量的影响。补偿标准变量对被解释变量有正向影响，且通过了1%的显著性检验。结合退耕林地数量前期快速增加，后期逐渐减少，以及补偿标准前期有所增加、后期逐渐减小的趋势，表明补偿标准变量是退耕林地数量变化的主要原因。

（2）耕地效益因素对退耕林地数量的影响分析。耕地效益因素包括粮食产量和劳动力数量两个变量。其中，粮食产量变量对被解释变量有负向影响，但未通过显著性检验。结合粮食产量在1999~2006年间有所增加，表明粮食产量变量不是退耕林地数量变化的主要影响因素。劳动力数量变量对被解释变量有正向影响，与预期方向不符，且未通过显著性检验。结合劳动力数量逐渐减少的趋势，表明劳动力数量变量不是退耕林地面积变化的主要原因，与预期方向不符可能与农户外出务工、乡村旅游等增多有关。

（3）经济因素对退耕林地数量的影响分析。经济因素包括第一产业增加值和存款数量两个变量。这两个变量对被解释变量均有负向影响，其中第一产业增加值变量通过了 10% 的显著性检验，而存款数量未通过显著性检验。结合第一产业增加值和存款数量逐年增加的趋势，表明第一产业增加值是影响退耕林地数量变化的主要原因，而存款数量不是退耕林地数量变化的主要原因。

（4）时间因素对退耕林地数量的影响分析。时间因素对被解释变量有正向影响，且通过了 1% 的显著性检验，表明时间因素是影响退耕林地数量变化的主要原因。

以上分析结果表明，陕西省开展退耕还林工程以来，补偿标准、第一产业增加值和时间是促使退耕林地数量变化的主要影响因素。进一步解释了上面提出的退耕还林工程政策促进了耕地转化为林地、退耕林地数量快速增加的原因。

5.6　本章小结

本章在第 4 章研究的基础上，通过理论分析得到了农户群体退耕林地供给可能性曲线，之后通过林地占农地面积比例变化检验了农户群体退耕林地供给可能性曲线，然后实证分析了退耕还林工程政策对耕地数量的影响。结果表明政策因素中累积退耕量和补偿标准两个变量对被解释变量均有负向影响，且均通过了 1% 的显著性检验，表明累积退耕量和补偿标准是耕地面积减少的主要原因。耕地效益因素中劳动力数量对被解释变量有正向影响，且通过了 1% 的显著性检验，表明劳动力数量是耕地面积减少的主要原因之一。经济因素中第一产业增加值和存款数量两个变量对被解释变量均有负向影响，且第一产业增加值通过了 1% 的显著性检验，存款数量通过了 5% 的显著性检验。结合第一产业增加值和存款数量逐年增加的趋势，表明第一产业增加值和存款数量是耕地面积减少的主要原因。以上分析表明，陕西省开展退耕还林工程以来，累积退耕量、补偿标准、劳动力数量、第一产业增加值和存款数量是促使耕地数量减少的主要影响因素。验证了上面提出的退耕还林政策促进了耕地转化为林地、耕地数量有所减少的假设。

之后，基于结果导向的研究方法，绘制了陕西省及各地市的退耕还林工程林地供给曲线，并分析了退耕林地供给的影响因素。政策因素中补偿标准变量对退耕林地数量有正向影响，且通过了1%的显著性检验，表明补偿标准变量是退耕林地数量变化的主要原因。耕地效益因素中粮食产量和劳动力数量两个变量均未通过显著性检验，表明粮食产量和劳动力数量均不是退耕林地面积变化的主要原因。经济因素中第一产业增加值变量通过了10%的显著性检验，而存款数量未通过显著性检验，表明第一产业增加值是影响退耕林地数量变化的主要原因，而存款数量不是退耕林地数量变化的主要原因。时间因素对被解释变量有正向影响，且通过了1%的显著性检验，表明时间因素是影响退耕林地数量变化的主要原因。以上分析结果表明，陕西省开展退耕还林工程以来，补偿标准、第一产业增加值和时间是促使退耕林地数量变化的主要影响因素，解释了上面提出的退耕还林工程政策促进了耕地转化为林地、退耕林地数量快速增加的原因。

第6章 生态承载力指数及其动态演化

本书第4章从农户个体角度出发，基于比较优势理论构建农户参与退耕还林工程的驱动机理分析框架及模型，以农户家庭林地占农地面积比例为研究对象，利用退耕还林工程典型——吴起县多期横截面数据，分析农户参与退耕还林工程驱动因素的动态演化过程。第5章从农户群体角度出发，以陕西省各区县历年开展的退耕还林工程为研究对象，通过理论分析得到了农户群体退耕林地供给的可能性曲线，并实证分析了农户群体对退耕还林工程林地供给的影响因素，运用结果寻向法绘制退耕还林工程的林地供给曲线。本章基于以上两章的研究，构建以价值量（资金）为单位的生态足迹—服务价值法的生态承载力分析框架，选取陕西省97个区县的2000~2015年四期数据，运用差异系数、全局 Moran's I、Moran 散点图和 LISA 集聚分析生态承载力空间分布特征、演化路径及其原因。

6.1 陕西省生态承载力时空演化特征

生态承载力是生态系统可承载人类社会经济活动的能力，其目的是为了协调生态系统供给与需求，实现生态安全与可持续发展，已成为国内外学者研究的热点（封志明等，2017）。2015年中国颁布了《生态文明体制改革总体方案》，确立了人口、经济、资源环境平衡发展的目标（樊杰等，2017）；党的十九大报告提出了建设人与自然和谐共生的现代化，使得生态承载力研究不断深入。近年来，城镇化建设、人民生活水平提高对生态系统的需求快速增长，虽然生态修复工程增加了生态系统的供给（谢高地等，2015），但是生态环境问题依然较为突出，威胁着我国与区域的生态安全与可持续发展（徐卫华等，2017）。因此，运用客观通用的生态承载力评价方法，分析生态承载力时空演化特征，不仅可以反映生态安全的状况和趋势，而且对中国可持续发展战略具有重要意义。

现有文献对生态承载力的研究主要从两个方面开展。一是主要采用生态足迹法研究生态承载力。1992 年威廉（William）提出了生态足迹法（Rees W E，1992），之后陆续出现了能值—生态足迹法（王耕等，2014；杨灿和朱玉林，2016；谭德明和何红渠，2016）、水足迹法（Allan J A，1993）等生态承载力评价方法。其思路是从供给与需求两方面出发，将区域实际生物供给和人类生产、生活所需的资源，通过固定的均衡因子与产量因子转化为全球统一的"虚拟面积"，然后将两者对比来衡量生态承载力（靳相木和柳乾坤，2017），但固定的均衡因子与产量因子忽视了区域间的差异，折算的"虚拟面积"不利于社会经济指标核算。二是研究视角逐渐综合化、精细化。生态承载力评价类别由单一的土地、水、能源等发展为资源、环境的综合分析（樊杰等，2017；谭德明和何红渠，2016；徐勇等，2017），研究空间从流域、盆地、山地等局部地域发展为省际、市级区域（杨灿和朱玉林，2016；Wackernagel M & Rees W，1998；程超等，2016；邵佳和冷志明，2016；田玲玲等，2016），评价时间集中在某时段的差异分析（王耕等，2014；田玲玲等，2016），但研究区域过大会降低其差异性，过小会影响规律性识别，某时段的差异分析无法呈现区域动态演化过程。

虽然现有文献对生态承载力评价进行了大量的研究，但仍存在以下两个方面的不足：一是忽视了不同区域社会经济和地理环境的异质性（樊杰等，2017），缺乏生态学理论支撑，评价标准通用性不足（傅伯杰和于丹丹，2016）；二是缺乏区县尺度的全局和局部时空动态演化过程研究。鉴于此，本书构建以价值量（资金）为单位的生态足迹—服务价值法的生态承载力分析框架，选取陕西省97 个区县的 2000～2015 年四期数据，运用差异系数、全局 Moran's I、Moran 散点图和 LISA 集聚分析生态承载力空间分布特征及演化路径，以期更客观通用地评价生态承载力，为可持续发展战略提供科学依据。

6.1.1　研究方法

6.1.1.1　生态承载力分析框架

生态足迹法研究生态系统的需求通常是核算人类活动消费的生物资源和化石能源数量，并转化为"虚拟面积"（徐中民等，2006），若直接转化为价值量（资金）则能更加客观通用地反映人类活动对生态系统的需求。生态服务价值法是 1997 年科斯坦萨等基于土地利用覆被面积及其服务单价核算区域生态服务价值的研究方法，国内学者谢高地等进一步提出了中国陆地单位面积生态系统服务价值当量、地区修正系数等（谢高地等，2015）。生态服务价值法以生态经济学、环境和自然资源经济学为基础，改进了生态足迹法中以固定的均衡因子与产量因子转化为"虚拟面积"核算生态系统供给的不足，利用时空转换因子来因地制宜、客观地反映生态系统供给的价值量。为了更加客观通用地评价生态承载力，本书将两种研究方法相结合，采用价值量（资金）为核算单位，构建生态足迹—服务价值法的生态承载力分析框架（见图 6 - 1）。

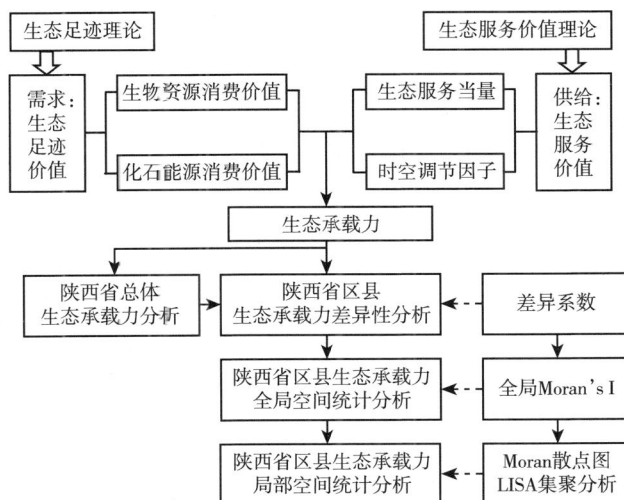

图 6 - 1　生态承载力分析框架

如图 6 - 1 所示，生态足迹—服务价值法中生态系统的需求由生物资源消费和化石能源消费构成，其中生物资源消费包括农林牧渔等产品价值，化石能源消费包括煤、石油、天然气、电力等产品价值（田玲玲等，2016；孙艺杰等，2017）；生态系统的供给由各类生态子系统服务当量与时空调节因子核算生态系统的服务价值。通过生态足迹价值和生态服务价值的比值表征生态承载力。之后，运用差异系数、全局 Moran's I、Moran 散点图和 LISA 集聚分析（王雪青等，2014）分析生态承载力的空间分布特征及演化路径。

6.1.1.2 生态承载力模型

首先，建立生态足迹价值模型（6 - 1）：

$$EF_{ij} = EL_{ij} + EM_{ij} = N_{ij} \cdot \sum R_{ijk} + P_j \cdot GDP_{ij} \cdot en_{ij} \qquad (6-1)$$

式中：EF_{ij} 指第 i 地区第 j 年生态足迹价值；EL_{ij} 指第 i 地区第 j 年生物资源消费价值；EM_{ij} 指第 i 地区第 j 年化石能源消费价值；N_{ij} 指第 i 地区第 j 年人口数量；R_{ijk} 指第 i 地区第 j 年第 k 类生物资源人均消费价值；P_j 指第 j 年单位标准煤价格；GDP_{ij} 指第 i 地区第 j 年地区生产总值；en_{ij} 指第 i 地区第 j 年单位生产总值能耗。

其次，建立生态服务价值模型（6 - 2）：

$$EC_{ij} = EP_{ij} \cdot F_{ij} = EA_{ij} \cdot \sum e_{ijl} \cdot L_{ijl} \qquad (6-2)$$

式中：EC_{ij} 指第 i 地区第 j 年生态服务价值；EA_{ij} 指第 i 地区第 j 年单位生态服务价值当量因子价值；F_{ij} 指第 i 地区第 j 年生态服务价值当量因子总量；e_{ijl} 指第 i 地区第 j 年第 l 类土地利用类型生态服务价值当量因子；L_{ijl} 指第 i 地区第 j 年第 l 类土地利用类型面积。

其中，单位生态服务价值当量因子价值为式（6 - 3）：

$$EA_{ij} = \frac{1}{7} \sum_{k=1}^{n} \frac{m_{ijk} \, p_{ijk} q_{ijk}}{M_{ij}} \qquad (6-3)$$

式中：m_{ijk} 指第 i 地区第 j 年第 k 种粮食作物产量，p_{ijk} 指第 i 地区第 j 年第 k 种粮食作物价格，q_{ijk} 指第 i 地区第 j 年第 k 种粮食作物单产，M_{ij} 指第 i 地

区第 j 年粮食作物总面积（彭文甫等，2014）。

最后，建立生态承载力指数模型（6-4）：

$$I_{ij} = \frac{EC_{ij}}{EF_{ij}} \tag{6-4}$$

式中：I_{ij} 指第 i 地区第 j 年生态承载力指数，生态承载力指数越高生态越安全，可持续发展能力越强。参照资源环境承载能力"三类五级"评价方法，将 I_{ij} 分为 5 级：$0 < I_{ij} \leq 0.1$，表示生态承载力很低，取值为 -2；$0.1 < I_{ij} \leq 0.5$，表示生态承载力较低，取值为 -1；$0.5 < I_{ij} \leq 1.5$，表示生态承载力中等，取值为 0；$1.5 < I_{ij} \leq 1.9$，表示生态承载力较高，取值为 1；$I_{ij} > 1.9$，表示生态承载力很高，取值为 2。

6.1.1.3 差异系数

为了反映区域生态承载力是否平衡、差异大小的状况，本书采用差异系数测算区域生态承载力的整体差异，见式（6-5）：

$$CV = \frac{1}{\bar{x}} \left(\frac{1}{n} \sum_{i=1}^{n} (x_i - \bar{x})^2 \right)^{1/2} \tag{6-5}$$

式中：CV 表示差异系数，$\bar{x}$ 表示区域生态承载力的均值；x_i 表示区域内第 i 地区的生态承载力指数。CV 数值越大，表明区域生态承载力差异越大。

6.1.1.4 全局 Moran's I

差异系数仅反映各地区数据之间的离散程度，为进一步对区域生态承载力的不平衡性和全局空间自相关进行研究，本书引入全局 Moran's I。全局 Moran's I 反映空间邻接或空间邻近的地区单元观测值整体的相关性和差异程度，见式（6-6）：

$$I = \frac{\sum_{i=1}^{n} \sum_{j \neq 1}^{n} \omega_{ij} (x_i - \bar{x})(x_j - \bar{x})}{S^2 \sum_{i=1}^{n} \sum_{j \neq 1}^{n} \omega_{ij}} \tag{6-6}$$

式中：I 表示全局 Moran's I；x_i 表示第 i 地区的生态承载力指数；$S^2 = \frac{1}{n} \sum_{i=1}^{n} (x_i - \bar{x})^2$；$\omega_{ij}$ 表示空间权重矩阵，本书选择 k – Nearest Neighbors 的空间邻接方式。

全局 Moran's I 的取值范围为 [–1，1]。当 $I = 0$ 时，表示空间不相关，即各地区生态承载力指数在空间上随机分布；当 $I > 0$ 时，表示空间正相关，即生态承载力指数较高（或较低）的地区在空间上趋于显著集聚；当 $I < 0$ 时，表示空间负相关，即该地区与周边地区的生态承载力指数具有空间差异。

在全局 Moran's I 的基础上，对其进行 Z 检验，见式（6 – 7）：

$$Z = \frac{1 - E(I)}{\sqrt{VAR(I)}} \qquad (6-7)$$

6.1.1.5 局部空间自相关

全局 Moran's I 仅反映某地区与周边地区之间的生态承载力指数空间差异平均程度。为了全面反映区域生态承载力指数空间差异的变化趋势，还需采用局部空间自相关分析。选用 Moran 散点图和 LISA 集聚分析两种方法。

Moran 散点图是将变量 z 与其空间滞后向量（Lz）之间的相关关系，以散点图的形式加以描述。进一步将 Moran 散点图划分为四个象限，分别对应四种不同的区域生态承载力指数空间差异类型：右上象限（HH）：地区自身和周边地区的生态承载力指数均较高，二者的空间差异程度较小；左上象限（LH）：地区自身生态承载力指数较低，周边地区较高，二者的空间差异程度较大；左下象限（LL）：地区自身和周边地区的生态承载力指数均较低，二者的空间差异程度较小；右下象限（HL）：地区自身生态承载力较高，周边地区较低，二者的空间差异程度较大。

Moran 散点图中高（H）和低（L）是相对于区域总体的平均水平而言，缺乏统计含义，因此引入 LISA 集聚分析。LISA 集聚分析进一步度量地区 i 与其周边地区之间的生态承载力指数空间差异程度及其显著性，见式（6 – 8）：

$$I_i = z_i \sum_j \omega_{ij} z_j \qquad (6-8)$$

式中，z_i 和 z_j 是第 i 地区和第 j 地区上观测值的标准化，ω_{ij} 是空间权重，其中 $\sum_j \omega_{ij} = 1$。若 $I_i > 0$ 且 $z_i > 0$，则地区 i 位于 HH 象限；若 $I_i > 0$ 且 $z_i < 0$，则地区 i 位于 LL 象限；若 $I_i < 0$ 且 $z_i > 0$，则地区 i 位于 HL 象限；若 $I_i < 0$ 且 $z_i < 0$，则地区 i 位于 LH 象限。

6.1.2 陕西省总体生态承载力分析

2000～2015 年土地利用类型采用中国科学院地理空间数据云 Landsat 卫星遥感影像的 2000 年、2005 年、2010 年和 2015 年四期数据，分辨率为 30 米；常住人口、人均生活资源消费价值、地区生产总值、单位地区生产总值能耗来自《陕西统计年鉴》。单位标准煤价格采用《中国煤炭工业发展报告》的原中央财政煤炭企业商品煤平均售价。此外，为了统一数据标准，将 2000 年作为基期，各期数据按照同期粮食价格指数进行折算（谢高地等，2015）。单位面积生态系统服务价值当量采用《单位面积生态系统服务价值当量》（谢高地等，2015），如表 6 - 1 所示。

表 6 - 1　　　　　　单位面积生态系统服务价值当量表

生态系统分类		供给服务			调节服务				支持服务			文化服务
一级	二级	食物生产	原料生产	水资源供给	气体调节	气候调节	净化环境	水文调节	土壤保持	维持养分循环	生物多样性	美学景观
农田	旱地	0.85	0.4	0.02	0.67	0.36	0.1	0.27	1.03	0.12	0.13	0.06
	水田	1.36	0.09	−2.63	1.11	0.57	0.17	2.72	0.01	0.19	0.21	0.09
森林	针叶	0.22	0.52	0.27	1.7	5.07	1.49	3.34	2.06	0.16	1.88	0.82
	针阔混交	0.31	0.71	0.37	2.35	7.03	1.99	3.51	2.86	0.22	2.6	1.14
	阔叶	0.29	0.66	0.34	2.17	6.5	1.93	4.74	2.65	0.2	2.41	1.06
	灌木	0.19	0.43	0.22	1.41	4.23	1.28	3.35	1.72	0.13	1.57	0.69
草地	草原	0.1	0.14	0.08	0.51	1.34	0.44	0.98	0.62	0.05	0.56	0.25
	灌草丛	0.38	0.56	0.31	1.97	5.21	1.72	3.82	2.4	0.18	2.18	0.96
	草甸	0.22	0.33	0.18	1.14	3.02	1	2.21	1.39	0.11	1.27	0.56
湿地	湿地	0.51	0.5	2.59	1.9	3.6	3.6	24.23	2.31	0.18	7.87	4.73

续表

生态系统分类		供给服务			调节服务				支持服务			文化服务
一级	二级	食物生产	原料生产	水资源供给	气体调节	气候调节	净化环境	水文调节	土壤保持	维持养分循环	生物多样性	美学景观
荒漠	荒漠	0.01	0.03	0.02	0.11	0.1	0.31	0.21	0.13	0.01	0.12	0.05
	裸地	0	0	0	0.02	0	0.1	0.03	0.02	0	0.02	0.01
水域	水系	0.8	0.23	8.29	0.77	2.29	5.55	102.24	0.93	0.07	2.55	1.89
	冰川积雪	0	0	2.16	0.18	0.54	0.16	7.13	0	0	0.01	0.09

应用生态足迹—服务价值法，利用生态承载力指数模型（6-4），对陕西省2000~2015年生态足迹价值和生态服务价值进行计算，得到各期生态承载力指数（见表6-2和图6-2）。

表6-2　　　　　　　　　　陕西省生态承载力汇总

地区	年份	生态服务价值（亿元）	生态足迹价值（亿元）	生态承载力
陕西	2000	1012.49	1421.64	0.71
	2005	1644.92	1960.63	0.84
	2010	2521.07	2584.92	0.98
	2015	2220.70	2713.20	0.82
陕北	2000	293.91	187.01	1.57
	2005	588.21	306.09	1.92
	2010	968.32	455.32	2.13
	2015	795.68	437.87	1.82
关中	2000	307.41	914.86	0.34
	2005	457.12	1263.29	0.36
	2010	707.77	1675.76	0.42
	2015	635.23	1792.77	0.35
陕南	2000	411.17	319.77	1.29
	2005	599.59	391.23	1.53
	2010	844.98	453.85	1.86
	2015	789.79	482.57	1.64

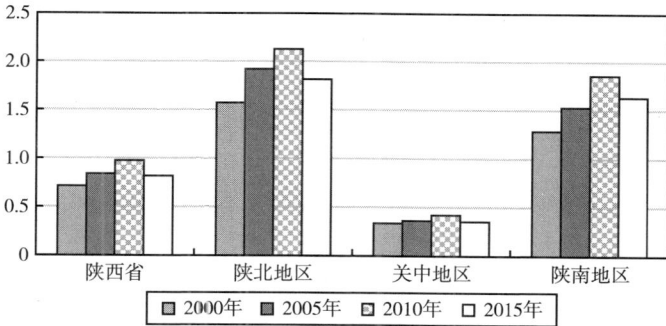

图6-2 陕西省生态承载力指数动态演化

如表6-2所示,陕西省及陕北、关中、陕南地区的生态承载力指数从2000年的0.71、1.57、034和1.29逐渐升高为2010年的0.98、2.13、0.42和1.86,之后调整为2015年的0.82、1.82、0.35和1.64。表现出以下规律:2000~2010年生态足迹价值和生态服务价值快速增长,生态服务价值年均增长率大于生态足迹价值的,使得生态承载力指数快速升高;2010~2015年生态足迹价值持续增长(陕北地区缓慢降低),生态服务价值有所降低,促使生态承载力指数降低。

如图6-2所示,2000~2015年陕西省生态承载力指数在2000~2010年快速升高,2010~2015年缓慢降低。从区域差异角度来看,陕北、陕南地区生态承载力指数变化趋势与陕西省类似,在2000~2010年快速升高,2010~2015年缓慢降低;关中地区生态承载力指数变化趋势与其他地区不同,表现出一直变化不大,在2000~2010年缓慢上升,2010~2015年有所降低。从极值角度来看,选取四期生态承载力指数最高的宁陕县、太白县和留坝县,最低的西安市辖区和咸阳市辖区,其一直处于最高或最低状态。四期对比分析表明,宁陕县、太白县、留坝县、西安市辖区和咸阳市辖区的生态承载力指数与陕西省相似,均呈现先快速上升后缓慢降低趋势。这些变化趋势反映了陕西省三大地区生态承载力指数存在区域差异性,而最高、最低区县存在趋同效应。

为了进一步分析陕西省生态承载力的区域差异性,笔者利用式(6-5)测算各期陕西省生态承载力指数的差异系数(见表6-3)。

表 6 - 3　　　　　　　　　　陕西省区县生态承载力指数差异系数

差异系数	2000 年	2005 年	2010 年	2015 年	平均值
CV	1.5151	1.5376	1.5530	1.5664	1.5430

如表 6 - 3 所示，陕西省生态承载力指数差异系数在 16 年间一直处于比较稳定状态，说明各区县以相近的速度维持现有差异状态。以各区县生态承载力指数差异系数为基础，利用 Arc GIS10.2 软件，得到陕西省生态承载力指数差异系数聚类表（见表 6 - 4）。

表 6 - 4　　　　　　　　　　陕西省生态承载力指数差异系数聚类表

类别	区　县
第一类	安康市辖区、安塞县、白河县、陈仓区、城固县、淳化县、丹凤县、定边县、府谷县、韩城市、汉阴县、横山县、佳县、靖边县、岚皋县、蓝田县、麟游县、陇县、洛川县、洛南县、略阳县、眉县、米脂县、勉县、南郑县、宁强县、平利县、千阳县、清涧县、山阳县、商南县、商州区、神木县、石泉县、绥德县、吴堡县、吴起县、西乡县、旬阳县、旬邑县、延安市辖区、延川县、延长县、洋县、耀州区、宜君县、永寿县、榆林市辖区、柞水县、镇安县、镇巴县、志丹县、周至县、子长县、子洲县、紫阳县（56 个）
第二类	甘泉县、富县、宜川县、黄陵县、长武县、彬县、铜川市辖区、白水县、澄城县、合阳县、大荔县、蒲城县、富平县、潼关县、华阴市、华县、渭南市辖区、临潼区、三原县、高陵区、泾阳县、礼泉县、乾县、西安市辖区、咸阳市辖区、长安区、户县、兴平市、武功县、扶风县、岐山县、凤翔县、宝鸡市辖区、凤县、汉中市辖区、镇坪县（36 个）
第三类	黄龙县、太白县、留坝县、佛坪县、宁陕县（5 个）

如表 6 - 4 所示，关中大部分地区和陕北、陕南部分地区的生态承载力指数呈现一定幅度波动，这与该区县社会经济快速发展及生态修复工程深入推进密切相关。黄龙县、太白县、留坝县、佛坪县和宁陕县波动程度很大，其中宁陕县的差异系数高达 4.6107，这五个区县自然条件均较好，社会经济基础较弱，表明随着社会经济的发展和生态修复工程的逐步推进，使得其生态承载力指数大幅变化。其他区县生态承载力指数波动不大，说明其生态承载力指数较为稳定。

生态承载力指数差异系数与各区县的地理位置无关，仅反映了数据的离散程度，为了进一步分析陕西省生态承载力指数的不均衡性和空间自相关性，利用式（6 - 6）和式（6 - 7），测算全局 Moran's I（见表 6 - 5）。

表 6 - 5　　　　　　　　陕西省生态承载力指数全局 **Moran's I**

指数	2000 年	2005 年	2010 年	2015 年
Moran's I	0.2846	0.2738	0.2635	0.2649
$E(I)$	−0.0100	−0.0100	−0.0100	−0.0100
Sd	0.0037	0.0037	0.0037	0.0037
Z	4.7070	4.2786	4.0480	4.1390
P	0.0000	0.0000	0.0000	0.0000

如表 6 - 5 所示，生态承载力指数的观测值和期望值较接近，通过了 1%
的显著性水平检验，表明全局生态承载力指数高值或低值的集聚现象明显。
四期 Sd 值的变化幅度不大，说明陕西省生态承载力指数在空间上有演化和变
迁现象，但没有发生十分剧烈的变动，只是在原有格局上的调整和集聚。全
局 Moran's I 均为正值，表明陕西省生态承载力指数存在较显著的正空间自相
关，生态承载力较高和较低的区县呈现出两极集聚。同时，全局 Moran's I 逐
渐降低，表明空间趋同效应逐渐趋缓。

6.1.3　陕西省区县生态承载力分析

全局 Moran's I 表明陕西省生态承载力指数向高值或低值的集聚现象明显，
但不能反映集聚现象是高值明显还是低值明显，并且不能反映某地区与周边
地区之间的生态承载力指数的空间差异程度。为了全面反映区域生态承载力
指数的空间差异变化趋势，深入分析陕西省生态承载力指数的时空演化，衡
量陕西省 97 个区县局部空间关联、空间差异程度以及空间格局的分布，本书
选用局部空间自相关分析中的 Moran 散点图和 LISA 集聚分析进行空间统计
分析。

6.1.3.1　Moran 散点图分析

Moran 散点图反映生态承载力指数的空间相关性类型及其空间分布状况，
利用 GeoDa1.12 软件，输出陕西省 97 个区县生态承载力指数 Moran 散点图

（见图 6 - 3）。

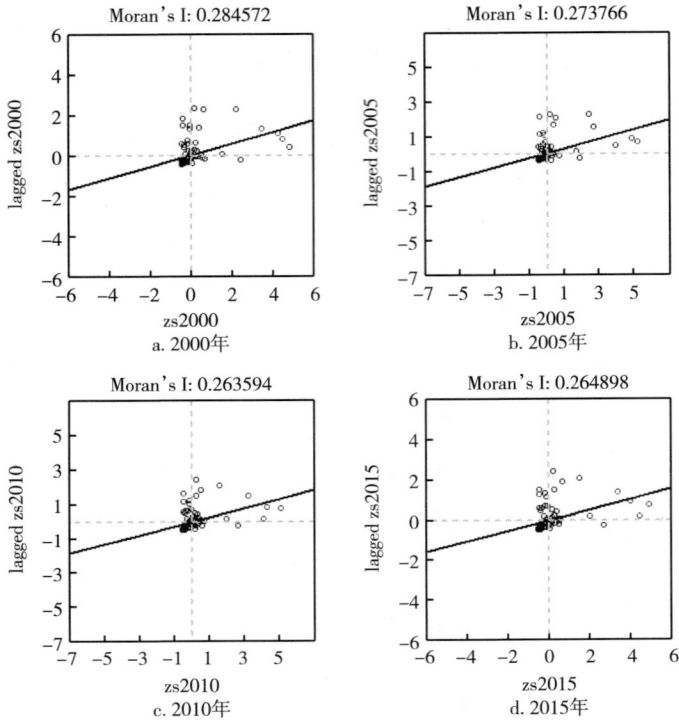

图 6 - 3　陕西省生态承载力指数 Moran 散点图

如图 6 - 3 所示，2015 年陕西省生态承载力指数位于 HH、LH、LL 和 HL 象限的区县分别有 18 个、12 个、57 个和 10 个。多数区县位于 HH 和 LL 象限内，表明陕西省生态承载力指数存在高值或低值的集聚现象，并且低值集聚更为明显。

从区域来看，陕西省三大地区表现出明显的空间异质性。陕北地区延安市、榆林市的区县大多数位于 LL 象限，具有相同的发展趋势，这不仅说明生态承载力指数具有一定的协同机制，而且从整体上降低了陕北地区的生态承载力指数。关中地区多数区县位于 LL 象限，尤其是西安市、咸阳市所辖的区县，生态承载力指数普遍较低，降低了关中地区乃至陕西省的生态承载力指数。陕南地区多数区县位于 HH 象限或 LH 象限，说明陕南地区生态承载力指数普遍较高，个别生态承载力指数较低的区县周边区县也较高。

从象限来看，每个象限所包含的区县都比较稳定。Moran 散点图中的 HH 象限和 LL 象限两类差异明显的空间分异区域体现了空间异质性。其中，陕北南部和陕南南部的多数区县处于 HH 象限，说明生态承载力指数较高的区县在此集中，这与其良好的自然资源条件有密切关系；关中地区和陕北北部地区的区县多数处于 LL 象限，说明生态承载力指数较低的区县在此集中，这与陕北能源基地、关中经济带有密切关系，同时验证了生态承载力指数在空间上呈现出两极集聚的状态。宝鸡市辖区、汉中市辖区、安康市辖区和韩城市等城区及周至县、城固县、勉县、汉阴县等县区属于生态承载力指数较低地区，然而与其相邻接的区县生态承载力指数较高，因此处于 LH 象限。同理，黄陵县、柞水县、丹凤县等区县生态承载力指数较高，而其邻接的区县生态承载力指数较低，因此处于 HL 象限。

从象限变迁来看，在 Moran 散点图的基础上，结合各区县生态承载力指数空间相关性类型，汇总出陕西省区县生态承载力指数象限变迁及演化路径，表 6 – 6 仅列出发生变迁的区县。

表 6 – 6　　　　陕西省区县生态承载力指数象限变迁及演化路径

年份	HH 象限	LL 象限	LH 象限	HL 象限
2000		甘泉县、汉阴县	紫阳县	岚皋县、镇巴县
2005	镇巴县	甘泉县、汉阴县	紫阳县	岚皋县
2010	紫阳县、岚皋县、镇巴县		汉阴县	甘泉县
2015	紫阳县、岚皋县、镇巴县		汉阴县	甘泉县

如表 6 – 6 所示，陕西省 16 年间大部分区县生态承载力指数处于比较稳定的状态，仅有 5 个区县发生象限变迁。甘泉县生态承载力指数从 LL 象限提高到 HL 象限，紫阳县生态承载力指数从 LH 象限跨越到 HH 象限，通过生态修复工程提高了自身生态承载力指数；岚皋县和镇巴县生态承载力指数从 HL 象限调整到 HH 象限，汉阴县生态承载力指数从 LL 象限调整到 LH 象限，这与其周边区县提高生态承载力指数密切相关。

以上三个方面反映出陕西省生态承载力指数一直存在着空间自相关和空间异质性，同时已经形成了较为稳定的空间格局，即陕北、关中较低，陕南较高。

6.1.3.2 LISA 集聚分析

由于 Moran 散点图不能判断各区县生态承载力指数的局部相关类型及集聚区的统计意义是否显著，利用 GeoDa1.12 软件，输出陕西省 97 个区县生态承载力指数 LISA 集聚分类汇总表（见表 6-7～表 6-10）。

表 6-7　　　　2000 年陕西省区县生态承载力指数 LISA 集聚分类汇总

象限	区 县
Not Significant	安康市辖区、安塞县、白河县、陈仓区、淳化县、丹凤县、韩城市、汉阴县、靖边县、岚皋县、蓝田县、麟游县、陇县、洛川县、洛南县、眉县、南郑县、宁强县、平利县、千阳县、山阳县、商南县、商州区、西乡县、旬阳县、旬邑县、延安市辖区、延长县、洋县、耀州区、宜君县、永寿县、柞水县、镇巴县、志丹县、周至县、紫阳县、甘泉县、富县、宜川县、黄陵县、长武县、彬县、白水县、铜川市辖区、合阳县、大荔县、潼关县、华阴市、华县、渭南市辖区、长安区、兴平市、扶风县、岐山县、凤翔县、镇坪县、黄龙县、留坝县、宁陕县（60 个）
HH	略阳县、凤县、太白县、佛坪县、石泉县、镇安县（6 个）
LL	府谷县、神木县、榆林市辖区、佳县、吴堡县、米脂县、绥德县、横山县、子洲县、清涧县、子长县、延川县、定边县、吴起县、澄城县、蒲城县、富平县、临潼区、三原县、高陵区、西安市辖区、咸阳市辖区、泾阳县、礼泉县、乾县、武功县、户县（27 个）
LH	宝鸡市辖区、勉县、汉中市辖区、城固县（4 个）

表 6-8　　　　2005 年陕西省区县生态承载力指数 LISA 集聚分类汇总

象限	区 县
Not Significant	安康市辖区、安塞县、白河县、陈仓区、淳化县、丹凤县、韩城市、汉阴县、靖边县、岚皋县、蓝田县、麟游县、陇县、洛川县、洛南县、眉县、南郑县、宁强县、平利县、千阳县、山阳县、商南县、商州区、西乡县、旬阳县、旬邑县、延安市辖区、延长县、洋县、耀州区、宜君县、永寿县、柞水县、镇巴县、志丹县、周至县、紫阳县、甘泉县、富县、宜川县、黄陵县、长武县、彬县、白水县、铜川市辖区、合阳县、大荔县、潼关县、华阴市、华县、长安区、兴平市、扶风县、岐山县、凤翔县、镇坪县、黄龙县、留坝县、宁陕县、延川县、太白县、勉县、汉中市辖区（63 个）
HH	略阳县、凤县、佛坪县、石泉县、镇安县（5 个）
LL	府谷县、神木县、榆林市辖区、佳县、吴堡县、米脂县、绥德县、横山县、子洲县、清涧县、子长县、定边县、吴起县、澄城县、蒲城县、渭南市辖区、富平县、临潼区、三原县、高陵区、西安市辖区、咸阳市辖区、泾阳县、礼泉县、乾县、武功县、户县（27 个）
LH	宝鸡市辖区、城固县（2 个）

表 6 – 9　　　　　　2010 年陕西省区县生态承载力指数 LISA 集聚分类汇总

象限	区　　县
Not Significant	安康市辖区、安塞县、白河县、陈仓区、淳化县、丹凤县、韩城市、汉阴县、靖边县、岚皋县、蓝田县、麟游县、陇县、洛川县、洛南县、眉县、南郑县、宁强县、平利县、千阳县、山阳县、商南县、商州区、西乡县、旬阳县、旬邑县、延安市辖区、延长县、洋县、耀州区、宜君县、永寿县、柞水县、镇巴县、志丹县、周至县、紫阳县、甘泉县、富县、宜川县、黄陵县、长武县、彬县、白水县、铜川市辖区、合阳县、大荔县、潼关县、华阴市、华县、长安区、扶风县、岐山县、凤翔县、镇坪县、黄龙县、留坝县、宁陕县、延川县、太白县、勉县、吴堡县、绥德县、子长县、定边县、吴起县（66 个）
HH	略阳县、凤县、佛坪县、石泉县、镇安县（5 个）
LL	府谷县、神木县、榆林市辖区、佳县、米脂县、横山县、子洲县、清涧县、澄城县、蒲城县、渭南市辖区、富平县、临潼区、三原县、高陵区、泾阳县、西安市辖区、咸阳市辖区、礼泉县、乾县、武功县、兴平市、户县（23 个）
LH	宝鸡市辖区、汉中市辖区、城固县（3 个）

表 6 – 10　　　　　　2015 年陕西省区县生态承载力指数 LISA 集聚分类汇总

象限	区　　县
Not Significant	安康市辖区、安塞县、白河县、陈仓区、淳化县、丹凤县、韩城市、汉阴县、靖边县、岚皋县、蓝田县、麟游县、陇县、洛川县、洛南县、眉县、南郑县、宁强县、平利县、千阳县、山阳县、商南县、商州区、西乡县、旬阳县、旬邑县、延安市辖区、延长县、洋县、耀州区、宜君县、永寿县、柞水县、镇巴县、志丹县、周至县、紫阳县、甘泉县、富县、宜川县、黄陵县、长武县、彬县、白水县、铜川市辖区、合阳县、大荔县、潼关县、华阴市、华县、长安区、扶风县、岐山县、凤翔县、镇坪县、黄龙县、留坝县、宁陕县、延川县、太白县、吴堡县、绥德县、子长县、定边县、吴起县（65 个）
HH	略阳县、凤县、佛坪县、石泉县、镇安县（5 个）
LL	府谷县、神木县、榆林市辖区、佳县、米脂县、横山县、子洲县、清涧县、澄城县、蒲城县、渭南市辖区、富平县、临潼区、三原县、高陵区、泾阳县、西安市辖区、咸阳市辖区、礼泉县、乾县、武功县、兴平市、户县（23 个）
LH	宝鸡市辖区、汉中市辖区、勉县、城固县（4 个）

如表 6 – 7 ~ 表 6 – 10 所示，HH、LL 和 LH 三个象限的部分区县通过了 5% 显著性水平检验，HL 象限所包含的区县均未通过显著性水平检验，将 2000 ~ 2015 年四期 LISA 集聚分析结果汇总，得到陕西省各区县生态承载力指数演化路径（见表 6 – 11）。

表 6 – 11　　　　　　　　　　　陕西省区县生态承载力指数演化路径

年份	HH 象限中的区县	LL 象限中的区县	LH 象限中的区县
2000	凤县***、太白县**、略阳县***、佛坪县**、石泉县***、镇安县** (6)	府谷县***、神木县***、榆林市辖区***、佳县***、横山县***、米脂县***、子洲县***、绥德县***、吴堡县***、子长县***、清涧县***、延川县**、定边县**、吴起县***、澄城县**、蒲城县**、富平县**、三原县**、西安市辖区**、永寿县**、乾县**、礼泉县**、泾阳县**、高陵区***、临潼区***、武功县**、咸阳市辖区**、户县** (28)	宝鸡市辖区***、勉县**、汉中市辖区**、城固县** (4)
2005	凤县***、略阳县***、佛坪县**、石泉县***、镇安县** (5)	府谷县**、神木县**、榆林市辖区***、佳县***、横山县***、米脂县**、子洲县***、绥德县**、吴堡县**、子长县**、清涧县***、定边县**、吴起县**、澄城县**、蒲城县***、富平县***、三原县***、西安市辖区**、永寿县**、乾县**、礼泉县**、泾阳县**、高陵区***、临潼区***、渭南市辖区**、武功县**、咸阳市辖区**、户县*** (28)	宝鸡市辖区***、城固县** (2)
2010	凤县***、略阳县**、佛坪县***、石泉县***、镇安县** (5)	府谷县**、神木县***、榆林市辖区***、佳县**、横山县***、米脂县**、子洲县**、清涧县**、澄城县**、蒲城县***、富平县***、三原县***、西安市辖区***、永寿县**、乾县**、礼泉县**、泾阳县***、高陵区***、临潼区***、渭南市辖区**、武功县**、兴平市**、咸阳市辖区**、户县*** (24)	宝鸡市辖区***、汉中市辖区**、城固县** (3)
2015	凤县***、略阳县***、佛坪县**、石泉县***、镇安县** (5)	府谷县**、神木县**、榆林市辖区***、佳县**、横山县**、米脂县**、子洲县**、清涧县**、澄城县**、蒲城县**、富平县***、三原县***、西安市辖区**、永寿县**、乾县**、礼泉县**、泾阳县***、高陵区***、临潼区***、渭南市辖区**、武功县**、兴平市**、咸阳市辖区**、户县*** (24)	宝鸡市辖区**、勉县**、汉中市辖区**、城固县** (4)

注：*** 和 ** 分别表示在1%和5%水平上显著。括号内为显著区县个数。

如表 6 – 11 所示，从集聚效果来看，通过显著性检验的全部区县均未发生象限变迁，有 29 个区县一直在相应象限显著，表明象限所包含的区县比较稳定。其中，LL 象限的区县数量最多，HH 象限次之，LH 象限最少。LL 象限以陕北北部、关中地区的区县居多，HH 象限基本是陕南地区的区县，LH 象限包括宝鸡市、汉中市及其辐射区县，说明这些地区的生态承载力指数一直与周边区县存在较大差异。

从显著性水平来看，太白县、定边县、吴起县、绥德县、吴堡县、子长县和延川县 7 个区县显著性水平降低而未通过检验，表明：太白县社会经济发展引起生态承载力指数降低，导致其未通过显著性水平检验；陕北地区的 6 个县区因生态修复工程提高了生态承载力指数，使得其未通过显著性水平检验。渭南市辖区和兴平市 2 个区县显著性水平提高而通过了检验，表明关中地区的社会经济发展具有空间扩散性，辐射带动其生态承载力指数降低，使其显著高于周边区县。宝鸡市辖区、米脂县、子洲县和清涧县显著性水平有所降低，结合宝鸡市辖区生态承载力指数降低，同时米脂县、子洲县和清涧县生态承载力指数逐步提高，表明其与周边区县的差异逐步缩小。西安市辖区、蒲城县、富平县、三原县、泾阳县、武功县和户县 7 个区县显著性水平有所提高，结合其生态承载力逐渐降低，表明其与周边区县的差异逐步扩大。汉中市辖区、略阳县、佛坪县和勉县 4 个区县显著性水平不稳定，且均位于陕南地区，这是社会经济发展与生态修复工程不断作用的结果。

从协同发展角度来看，HH 象限变化不大，而 LL 象限变化较大，并且 LL 象限表现出陕北地区的区县逐渐减少，关中地区的区县逐渐增多的情况。这表明陕南地区各区县生态承载力指数变化不大，区域协同发展较为稳定；关中地区通过显著性水平检验区县逐渐增加，区域协同发展效应较为明显；陕北地区通过显著性水平检验区县逐渐减少，区域协同发展减弱。HH 象限和 LL 象限的集聚现象说明陕西省生态承载力指数在空间上的两极现象越来越明显，且更向关中地区集中。

针对生态承载力研究缺乏生态学理论支撑、区县尺度时空动态演化以及评价标准客观通用性不足的现状，本书通过构建以价值量（资金）为单位的生态足迹—服务价值法的生态承载力分析框架，选取陕西省 97 个区县的 2000～2015 年四期数据，从全局和局部两个空间层面，深入探索陕西省生态承载力指数在空间上分布特征及演化路径。研究发现：陕西省生态承载力指数存在区域差异性，陕西省及陕北、陕南地区生态承载力指数先快速上升后缓慢降低，关中地区先缓慢上升后有所降低。从三大区域来看，陕北、关中地区的多数区县生态承载力指数呈现一定幅度波动，陕南地区的个别区县波动程度很大，其中宁陕县波动最为明显。陕西省生态承载力指数一直存在显著的空间自相关和空间异质性，表现为：16年间生态承载力指数在空间上的演化过程，目前已经形成了较为稳定的空间格局，即陕北、关中较低，陕南较高；存在高值或低值的集聚现象，并且低值集聚更为明显，在空间上向关中地区集中。

需要指出的是，以上结论是在特定条件下得出的，仍有深入研究的必要。在研究方法方面，构建生态足迹—服务价值法的生态承载力分析框架，引入生态服务价值方法衡量生态承载力的供给，克服了生态学理论支撑不足的缺陷，采用价值量（资金）为核算单位提升了生态承载力评价标准的通用性，但生态服务价值中时空调节因子区域差异较大，有可能影响分析结果，仍需对研究结果的稳健性加以检验。在研究的时空范围方面，突破省际、市级或局部区域的某时段差异分析，选取有典型性的陕西省97个区县的2000~2015年四期数据进行空间分布特征及演化路径分析，但其仍可能存在可变面域问题（modifiable area unit problem，MAUP）。在驱动机理研究方面，生态足迹—服务价值法的生态承载力分析框架核算出生态承载力指数，但生态承载力指数的影响因素及驱动机理仍需深入研究。在下一步的研究中，需要对生态承载力分析方法的普适性、准确性及稳健性进行验证，并对其影响因素及驱动机理深入分析和探讨。

6.2 各区县生态承载力动态演化

6.2.1 各区县生态承载力动态演化分析

为了深入研究陕西省各地区生态承载力变化情况，将研究尺度缩小至区县，分析陕西省所辖97个区县在2000年、2005年、2010年、2015年四期的生态承载力动态演化情况。按照模型式（6-4）得到各区县生态承载力指数，陕西省各区县生态承载力指数等级的汇总见表 6 – 12 ~ 表 6 – 15。

表 6 – 12　　　　　　　**2000 年陕西省各区县生态承载力指数等级汇总**

生态承载力 指数	区　　县
很低	澄城县、蒲城县、渭南市辖区、富平县、铜川市辖区、临潼区、三原县、高陵区、泾阳县、西安市辖区、咸阳市辖区、礼泉县、乾县、兴平市、武功县、扶风县、岐山县、凤翔县、长安区、宝鸡市辖区、汉中市辖区（21 个）
较低	米脂县、白水县、合阳县、大荔县、潼关县、华阴市、华县、蓝田县、商州区、长武县、彬县、永寿县、淳化县、陈仓区、眉县、户县、安康市辖区、汉阴县、紫阳县（19 个）
中等	榆林市辖区、佳县、吴堡县、绥德县、子洲县、子长县、延川县、安塞县、延安市辖区、洛川县、韩城市、耀州区、千阳县、周至县、洛南县、山阳县、旬阳县、白河县、石泉县、城固县、南郑县（21 个）
较高	府谷县、横山县、清涧县、靖边县、延长县、旬邑县、陇县、丹凤县、商南县、镇安县、西乡县、勉县、平利县、岚皋县（14 个）
很高	神木县、定边县、吴起县、志丹县、甘泉县、富县、宜川县、黄陵县、黄龙县、宜君县、麟游县、柞水县、宁陕县、佛坪县、洋县、太白县、留坝县、凤县、略阳县、宁强县、镇巴县、镇坪县（22 个）

表 6 – 13　　　　　　　**2005 年陕西省各区县生态承载力指数等级汇总**

生态承载力 指数	区　　县
很低	澄城县、蒲城县、渭南市辖区、富平县、铜川市辖区、临潼区、三原县、高陵区、泾阳县、西安市辖区、咸阳市辖区、礼泉县、乾县、兴平市、武功县、扶风县、岐山县、长安区、宝鸡市辖区、汉中市辖区（20 个）
较低	合阳县、白水县、大荔县、潼关县、华阴市、华县、蓝田县、长武县、彬县、永寿县、淳化县、凤翔县、眉县、户县、安康市辖区（15 个）
中等	榆林市辖区、米脂县、子洲县、子长县、延川县、延安市辖区、韩城市、耀州区、洛南县、商州区、陈仓区、汉阴县、紫阳县、城固县、南郑县（15 个）
较高	佳县、吴堡县、绥德县、横山县、靖边县、安塞县、洛川县、旬邑县、千阳县、周至县、丹凤县、商南县、山阳县、旬阳县、白河县、石泉县、洋县、西乡县、勉县（19 个）
很高	府谷县、神木县、清涧县、定边县、吴起县、志丹县、甘泉县、富县、延长县、宜川县、黄陵县、黄龙县、宜君县、陇县、麟游县、柞水县、镇安县、宁陕县、佛坪县、太白县、凤县、留坝县、略阳县、宁强县、镇巴县、平利县、岚皋县、镇坪县（28 个）

表 6－14   2010 年陕西省各区县生态承载力指数等级汇总

生态承载力指数	区 县
很低	澄城县、蒲城县、渭南市辖区、富平县、铜川市辖区、临潼区、三原县、高陵区、泾阳县、西安市辖区、咸阳市辖区、乾县、兴平市、武功县、扶风县、宝鸡市辖区、长安区、汉中市辖区（18 个）
较低	合阳县、白水县、大荔县、潼关县、华阴市、华县、长武县、彬县、礼泉县、户县、凤翔县、岐山县（12 个）
中等	府谷县、榆林市辖区、米脂县、靖边县、韩城市、洛南县、商州区、蓝田县、永寿县、淳化县、陈仓区、眉县、汉阴县、安康市辖区（14 个）
较高	神木县、佳县、吴堡县、绥德县、横山县、定边县、延安市辖区、洛川县、耀州区、周至县、丹凤县、商南县、山阳县、城固县、勉县、南郑县、紫阳县（17 个）
很高	子洲县、清涧县、子长县、延川县、安塞县、吴起县、志丹县、甘泉县、富县、延长县、宜川县、黄陵县、黄龙县、宜君县、旬邑县、陇县、千阳县、麟游县、柞水县、镇安县、宁陕县、佛坪县、太白县、凤县、留坝县、旬阳县、白河县、石泉县、洋县、西乡县、略阳县、宁强县、镇巴县、平利县、岚皋县、镇坪县（36 个）

表 6－15   2015 年陕西省各区县生态承载力指数等级汇总

生态承载力指数	区 县
很低	澄城县、蒲城县、渭南市辖区、富平县、铜川市辖区、临潼区、三原县、高陵区、泾阳县、西安市辖区、咸阳市辖区、礼泉县、乾县、兴平市、武功县、扶风县、岐山县、宝鸡市辖区、长安区、汉中市辖区（20 个）
较低	榆林市辖区、韩城市、合阳县、白水县、大荔县、潼关县、华阴市、华县、长武县、彬县、凤翔县、眉县、户县、洛南县、商州区、蓝田县（16 个）
中等	府谷县、吴堡县、米脂县、绥德县、靖边县、耀州区、永寿县、淳化县、陈仓区、丹凤县、山阳县、城固县、汉阴县、安康市辖区（14 个）
较高	神木县、佳县、横山县、子洲县、子长县、延川县、定边县、延安市辖区、洛川县、旬邑县、千阳县、周至县、镇安县、商南县、勉县、南郑县、紫阳县（17 个）
很高	清涧县、安塞县、吴起县、志丹县、甘泉县、富县、延长县、宜川县、黄陵县、黄龙县、宜君县、陇县、麟游县、柞水县、宁陕县、佛坪县、太白县、凤县、留坝县、旬阳县、白河县、石泉县、洋县、西乡县、略阳县、宁强县、镇巴县、平利县、岚皋县、镇坪县（30 个）

　　为了便于分析陕西省各区县生态承载力指数的动态演化过程，笔者编制了陕西省各区县生态承载力指数动态演化汇总表，见表 6－16。

表 6 - 16　　　　　陕西省各区县生态承载力指数动态演化汇总

时期	升高的区县	降低的区县
2000～2005 年	府谷县、佳县、吴堡县、米脂县、绥德县、清涧县、安塞县、延长县、洛川县、陇县、千阳县、陈仓区、凤翔县、周至县、商州区、山阳县、镇安县、旬阳县、白河县、平利县、岚皋县、汉阴县、紫阳县、石泉县（24 个）	洋县（1 个）
2005～2010 年	安塞县、子长县、子洲县、延川县、延安市辖区、旬邑县、耀州区、淳化县、永寿县、礼泉县、岐山县、千阳县、眉县、蓝田县、旬阳县、白河县、安康市辖区、紫阳县、石泉县、洋县、西乡县、城固县、南郑县（23 个）	府谷县、神木县、靖边县、定边县（4 个）
2010～2015 年		榆林市辖区、吴堡县、绥德县、子洲县、子长县、延川县、韩城市、耀州区、旬邑县、礼泉县、岐山县、千阳县、眉县、蓝田县、商州区、洛南县、丹凤县、山阳县、镇安县、城固县（20 个）
2000～2015 年	佳县、米脂县、子洲县、子长县、安塞县、清涧县、延川县、延安市辖区、延长县、洛川县、淳化县、永寿县、凤翔县、千阳县、陇县、陈仓区、周至县、旬阳县、白河县、安康市辖区、平利县、岚皋县、汉阴县、紫阳县、石泉县、西乡县、南郑县（27 个）	府谷县、神木县、榆林市辖区、靖边县、定边县、韩城市、洛南县、丹凤县（8 个）

6.2.1.1　2000～2005 年

如表 6 - 16 所示，2000～2005 年陕西省各区县生态承载力指数等级有 24 个区县升高了，有 1 个区县降低了。生态承载力指数等级升高的区县为：陕北地区的府谷县、佳县、吴堡县、米脂县、绥德县、清涧县、安塞县、延长县和洛川县；关中地区的陇县、千阳县、陈仓区、凤翔县和周至县；陕南地区的商州区、山阳县、镇安县、旬阳县、白河县、平利县、岚皋县、汉阴县、紫阳县和石泉县。生态承载力指数等级降低的区县是陕南地区的洋县。其原因是：

（1）陕北地区生态足迹价值年均增长率 10.36%，低于同期的生态服务价值年均增长率 14.89%，其中林草地生态服务价值增加量占总生态服务价增加量的 111.29%，因此林草地生态服务价值的增加是陕北地区生态承载力提高的主要原因。陕北地区生态承载力指数等级升高的区县中，府谷县、佳县、吴堡县、绥德县、安塞县、延长县和洛川县的林草地生态服务价值增加量占总生态服务价值增加量比率分别为 61.06%、44.87%、112.99%、40.71%、153.25%、56.39% 和 175.73%；而清涧县和米脂县两县虽然生态服务价值当量增加不多或略有减少，但其单位生态系统服务价值当量因子经济价值均增长了 85.57%，促使生态承载力指数提高。

（2）关中地区生态足迹价值年均增长率 6.67%，低于同期的生态服务价值年均增长率 8.26%，其中林草地生态服务价值增加量占总生态服务价值增加量的 22.84%，因此林草地生态服务价值的增加是关中地区生态承载力提高的主要原因。关中地区生态承载力指数等级升高的区县中，陇县、千阳县、陈仓区、凤翔县和周至县的林草地生态服务价值增加量占总生态服务价值增加量的比率分别为 94.40%、99.53%、113.27%、49.46% 和 23.00%，同时宝鸡市和西安市的单位生态系统服务价值当量因子经济价值分别增长了 45.75% 和 47.28%，促使生态承载力指数提高。

（3）陕南地区生态足迹价值年均增长率 4.12%，低于同期的生态服务价值年均增长率 7.84%，其中林草地生态服务价值增加量占总生态服务价值增加量的 448.06%，因此林草地生态服务价值的增加是陕南地区生态承载力提高的主要原因。陕南地区生态承载力指数等级升高的区县中，商州区、山阳县、旬阳县、平利县和紫阳县的林草地生态服务价值增加量占总生态服务价值增加量比率分别为 522.59%、119.51%、398.98%、108.33% 和 57.97%，促使了生态承载力指数的提高；白河县、岚皋县、镇安县、汉阴县和石泉县虽然生态服务价值当量略有减少，但安康市和商洛市的单位生态系统服务价值当量因子经济价值分别增长了 62.49% 和 49.42%，促使生态承载力指数提高。生态承载力指数降低的洋县生态服务价值虽然增加了 8.84 亿元，但消费价值增长了 91.27%，使其生态承载力指数有所降低。

6.2.1.2　2005~2010 年

由表 6-16 可知，2005~2010 年陕西省各区县生态承载力指数等级有 23

个区县升高了，有 4 个区县降低了。生态承载力指数等级升高的区县为：陕北地区的安塞县、子长县、子洲县、延川县和延安市辖区；关中地区的旬邑县、耀州区、淳化县、永寿县、礼泉县、岐山县、千阳县、眉县和蓝田县；陕南地区的旬阳县、白河县、安康县、紫阳县、石泉县、洋县、西乡县、城固县和南郑县。生态承载力指数等级降低的区县是：陕北地区的府谷县、神木县、靖边县和定边县，均位于榆林市。其原因是：

（1）陕北地区生态足迹价值年均增长率 8.27%，低于同期的生态服务价值年均增长率 10.48%，其中林草地生态服务价值增加量占总生态服务价值增加量的 270.80%，因此林草地生态服务价值的增加是陕北地区生态承载力提高的主要原因。陕北地区生态承载力指数等级升高的区县中，安塞县、子长县、子洲县、延川县和延安市辖区林草地生态服务价值增加量占总生态服务价值增加量比率分别为 144.14%、160.72%、110.73%、130.43% 和 121.20%，促使生态承载力指数提高。

（2）关中地区生态足迹价值年均增长率 5.81%，低于同期的生态服务价值年均增长率 9.14%，其单位生态系统服务价值当量因子经济价值增长了 54.97%，因此单位生态系统服务价值当量因子经济价值增长是关中地区生态承载力提高的主要原因。关中地区生态承载力指数等级升高的区县中，旬邑县、耀州区、永寿县、礼泉县、岐山县、千阳县、眉县的林草地生态服务价值增加量占总生态服务价值增加量比率分别为 156.28%、199.30%、115.23%、123.62%、17.68%、271.18% 和 19.78%，同时咸阳市、铜川市和宝鸡市的单位生态系统服务价值当量因子经济价值分别增长了 52.34%、64.25% 和 65.21%，促使生态承载力指数提高。淳化县和蓝田县虽然生态服务价值当量略有减少，但咸阳市和西安市单位生态系统服务价值当量因子经济价值分别增长了 52.34% 和 47.28%，促使生态承载力指数提高。

（3）陕南地区生态足迹价值年均增长率 3.01%，低于同期的生态服务价值年均增长率 7.10%，其中林草地生态服务价值增加量占总生态服务价值增加量的 65.10%，因此林草地生态服务价值的增加是陕南地区生态承载力提高的主要原因。陕南地区生态承载力指数等级升高的区县中，紫阳县、石泉县、西乡县和城固县林草地生态服务价值增加量占总生态服务价值增加量比率分别为82.53%、62.96%、79.42%和18.48%，促使生态承载力指数提高；旬阳县、白河县、安康市辖区、洋县和南郑县虽然生态服务价值当量略有减少，但安康市和汉中市的单位生态系统服务价值当量因子经济价值分别增长了48.97%和34.28%，促使生态承载力指数提高。生态承载力指数等级降低的区县中，府谷县和定边县能耗消费增加占生态足迹价值增加量的62.31%和52.66%，靖边县消费价值增加占生态足迹价值增加量的66.32%，是生态承载力指数降低的主要影响因素；神木县虽然林草地生态服务价值增加量占总生态服务价值增加量比率为876.95%，但能耗消费增加占生态足迹价值增加量的66.82%，使其生态承载力指数有所降低。

6.2.1.3 2010~2015年

由表6-16可知，2010~2015年陕西省各区县生态承载力指数等级有20个区县降低了。生态承载力指数等级降低的区县为：陕北地区的榆林市辖区、吴堡县、绥德县、子洲县、子长县和延川县；关中地区的韩城市、耀州区、旬邑县、礼泉县、岐山县、千阳县、眉县和蓝田县；陕南地区的商州区、洛南县、丹凤县、山阳县、镇安县和城固县。其原因是：

（1）陕北地区生态足迹价值年均增长率-0.78%，高于同期的生态服务价值年均增长率-3.85%，其中消费价值增加量占生态足迹价值增加量的269.76%，因此消费价值增加是陕北地区生态承载力降低的主要原因。陕北地区生态承载力指数等级降低的区县中，榆林市辖区、吴堡县、绥德县、子洲县、子长县和延川县消费价值增加量占生态足迹价值增加量的比例分别为466.90%、162.30%、182.24%、292.41%、129.97%和170.57%，促使生态承载力指数降低。

（2）关中地区生态足迹价值年均增长率1.36%，高于同期的生态服务价值年均增长率-2.14%，其中消费价值增加量占生态足迹价值增加量的130.04%，因此消费价值增加是关中地区生态承载力降低的主要原因。关中地区生态承载力指数等级降低的区县中，韩城市、耀州区、旬邑县、礼泉县、岐山县、千阳县、眉县和蓝田县消费价值增加量占生态足迹价值增加量的比例分别为570.35%、84.26%、92.17%、101.44%、156.99%、92.12%、112.73%

和 104.37%，促使生态承载力指数降低。

（3）陕南地区生态足迹价值年均增长率 1.23%，高于同期的生态服务价值年均增长率 -1.34%，其中消费价值增加量占生态足迹价值增加量的 91.51%，因此消费价值增加是陕南地区生态承载力降低的主要原因。陕南地区生态承载力指数等级降低的区县中，洛南县、丹凤县、山阳县、镇安县和城固县消费价值增加量占生态足迹价值增加量的比例分别为 100.68%、86.67%、79.83%、92.53% 和 61.59%，而商州区能耗消费价值增加量占生态足迹价值增加量的比例为 66.59%，促使生态承载力指数降低。

6.2.1.4 2000～2015 年

由表 6-16 可知，从 2000～2015 年的整体来看，陕西省各区县生态承载力指数等级有 27 个区县升高了，8 个区县降低了。生态承载力指数等级升高的区县为：陕北地区的佳县、米脂县、子洲县、子长县、安塞县、清涧县、延川县、延安市辖区、延长县和洛川县；关中地区的淳化县、永寿县、凤翔县、千阳县、陇县、陈仓区和周至县；陕南地区的旬阳县、白河县、安康市辖区、平利县、岚皋县、汉阴县、紫阳县、石泉县、西乡县和南郑县。生态承载力指数等级降低的区县是：陕北地区的府谷县、神木县、榆林市辖区、靖边县和定边县；关中地区的韩城市；陕南地区的洛南县和丹凤县。其原因是：

（1）陕北地区生态足迹价值年均增长率 5.84%，低于同期的生态服务价值年均增长率 6.86%，其中林草地生态服务价值增加量占总生态服务价值增加量的 153.16%，因此林草地生态服务价值的增加是陕北地区生态承载力提高的主要原因。陕北地区生态承载力指数等级升高的区县中，佳县、米脂县、子洲县、子长县、安塞县、清涧县、延川县、延安市辖区、延长县、洛川县林草地生态服务价值增加量占总生态服务价值增加量比率分别为 200.69%、148.62%、120.34%、130.44%、141.52%、187.89%、167.15%、133.33%、138.15% 和 120.91%，促使生态承载力指数提高。陕北地区生态承载力指数等级降低的区县中，府谷县、神木县、榆林市辖区、靖边县、定边县消费价值增加占生态足迹价值增加量的比例分别为 63.49%、59.05%、79.44%、78.90% 和 78.47%，使其生态承载力指数有所降低。

（2）关中地区生态足迹价值年均增长率 4.59%，低于同期的生态服务价值年均增长率 4.96%，其中林草地生态服务价值增加量占总生态服务价值增加量的 18.01%，并且单位生态系统服务价值当量因子经济价值增长了 103.73%，是关中地区生态承载力提高的主要原因。关中地区生态承载力指数等级升高的区县中，淳化县、凤翔县、千阳县、陇县和周至县的林草地生态服务价值增加量占总生态服务价值增加量比率分别为 2366.53%、42.97%、108.78%、63.98% 和 19.76%，同时永寿县和陈仓区的林草地生态服务价值增加量虽略有下降，但宝鸡市和咸阳市的单位生态系统服务价值当量因子经济价值分别增长了 116.18% 和 117.49%，促使生态承载力指数提高。关中地区生态承载力指数等级降低的区县韩城市消费价值增加量和能耗消费价值增加量分别占生态足迹价值增加量的比例为 52.40% 和 47.60%，使其生态承载力指数有所降低。

（3）陕南地区生态足迹价值年均增长率 2.78%，低于同期的生态服务价值年均增长率 4.45%，其中林草地生态服务价值增加量占总生态服务价值增加量的 75.74%，因此林草地生态服务价值的增加是陕南地区生态承载力提高的主要原因。陕南地区生态承载力指数等级升高的区县中，安康市辖区、平利县、岚皋县、汉阴县、紫阳县、石泉县和西乡县林草地生态服务价值增加量占总生态服务价值增加量比率分别为 2.06%、87.06%、74.52%、69.94%、79.66%、60.01% 和 79.17%，促使生态承载力指数提高；同时旬阳县、白河县和南郑县虽然生态服务价值当量略有减少，但安康市和汉中市的单位生态系统服务价值当量因子经济价值分别增长了 139.54% 和 72.87%，促使生态承载力指数提高。生态承载力指数等级降低的区县中，洛南县和丹凤县消费价值增加值分别占生态足迹价值增加量的 94.39% 和 90.30%，使其生态承载力指数有所降低。

6.2.2 各区县生态承载力驱动因素分析

6.2.2.1 模型构建

上面对各区县生态承载力动态演化进行了分析，可以发现影响其动态演化的因素包括生态服务价值、生态服务价值当量因子、消费价值和能耗价值等，而驱动生态承载力动态演化的影响因素值得进一步分析。根据生态足迹—服务价值法的生态承载力模型，本书选择被解释变量为生态承载力指数；解释变量为生态服务价值变量、生态足迹价值变量，其中生态服务价值变量由耕地面积、林地面积、当量因子价值三个变量组成，生态足迹价值变量由人口数量、人均消费价值、地区生产总值、单位地区生产总值能耗四个变量组成。结合生态承载力受空间依赖性影响，选择基于面板数据的空间杜宾模型，见式（6-9）：

$$y_{ij} = \tau y_{i,j-1} + \rho w_i y_j + a_1 gd_{ij} + a_2 ld_{ij} + a_3 dl_{ij} + a_4 N_{ij}$$
$$+ a_5 R_{i_j} + a_6 GDP_{ij} + a_7 en_{ij} + \mu_{ij} \qquad (6-9)$$

式中：y_{ij} 指第 i 地区第 j 年生态承载力指数；$y_{i,j-1}$ 指第 i 地区第 $j-1$ 年生态承载力指数；w_i 指空间权重矩阵的第 i 行；gd_{ij} 指第 i 地区第 j 年耕地面积；ld_{ij} 指第 i 地区第 j 年林地面积；dl_{ij} 指第 i 地区第 j 年生态服务价值当量因子价值；N_{ij} 指第 i 地区第 j 年人口数量；R_{ij} 指第 i 地区第 j 年人均消费价值；GDP_{ij} 指第 i 地区第 j 年地区生产总值；en_{ij} 指第 i 地区第 j 年单位 GDP 能耗；μ_{ij} 表示随机扰动项。

根据上面的分析结果，预测各变量的方向，如表6-17所示。

表6-17　　　　　　　　　　　变量的解释说明和预期方向

变量类别	变量名称	变量代号	预期方向
被解释变量	生态承载力指数	y	
生态服务价值变量	耕地面积	gd	-
	林地面积	ld	+
	当量因子价值	dl	+
生态足迹价值变量	人口数量	N	-
	人均消费价值	R	-
	地区生产总值	GDP	-
	单位地区生产总值能耗	en	-

6.2.2.2 样本特征

以陕西省 97 个区县为研究对象，选取了 2000～2015 年的统计数据和遥感数据。对各变量进行描述性统计分析结果如表 6－18 所示。

表 6－18   变量描述性统计

变　　　量		2000 年	2005 年	2010 年	2015 年
生态承载力指数	均值	1.611	2.015	2.611	2.180
	标准差	2.441	3.099	4.055	3.412
耕地面积 （万公顷）	均值	7.415	7.241	7.032	6.991
	标准差	4.618	4.498	4.477	4.521
林地面积 （万公顷）	均值	4.774	4.901	4.948	4.939
	标准差	4.796	4.800	4.789	4.788
当量因子价值 （元/公顷）	均值	435.520	685.011	1044.741	923.641
	标准差	73.927	94.815	177.836	147.625
人口数量 （万人）	均值	36.820	38.189	38.518	39.098
	标准差	36.433	40.641	50.342	51.566
人均消费价值 （元/人）	均值	3669.810	4677.668	5441.639	5909.683
	标准差	636.054	1111.747	1089.165	1114.112
地区生产总值 （亿元）	均值	18.229	39.159	103.471	182.349
	标准差	55.215	102.398	247.916	437.230
单位地区生产总值能耗 （吨标准煤/万元）	均值	1.747	1.707	1.394	0.753
	标准差	0.858	0.828	0.630	0.266

如表 6－18 所示，生态承载力指数在 2000～2010 年大幅提高，从 1.611 上升为 2.611；2010～2015 年有所降低，调整为 2.180，与上面陕西省生态承载力指数动态演化一致。耕地面积和单位地区生产总值能耗逐渐减少，分别从 2000 年的 7.415 万公顷和 1.747 吨标准煤/万元降低为 2015 年的 6.991 万公顷和 0.753 吨标准煤/万元。林地面积和当量因子价值均呈现先大幅增加后有所降低的趋势，在 2000～2010 年从 4.774 万公顷和 435.520 元/公顷上升为 4.948 万公顷和 1044.741 元/公顷；2010～2015 年调整为 4.939 万公顷和 923.641 元/公顷。人口数量、人均消费价值、地区生产总值均呈现增加趋势，

分别从 2000 年的 36.820 万人、3669.810 元/人和 18.229 亿元增加到 2015 年的 39.098 万人、5909.683 元/人和 182.349 亿元。

6.2.2.3　模型结果分析

采用 STATA 14.0 软件，利用模型式（6 - 9）对陕西省 97 个区县 2000 ~ 2015 年的四期面板数据进行豪斯曼检验，结果接受原假设，故采用随机效应模型，结果见表 6 - 19。

表 6 - 19　　　　　　　　　　　模型回归结果

变量名称	变量代号	系数	标准误	z	p
耕地面积	gd	- 0.0858	0.0580	- 1.48	0.139
林地面积	ld	0.4500 ***	0.0559	8.04	0.000
当量因子价值	dl	0.0056 ***	0.0013	4.42	0.000
人口数量	N	- 0.0071	0.0058	- 1.22	0.221
人均消费价值	R	- 0.0005 ***	0.0001	- 4.16	0.000
地区生产总值	GDP	0.0001	0.0004	0.11	0.911
单位地区生产总值能耗	en	- 0.1176	0.2310	- 0.51	0.611
常数项		0.0906	1.1049	0.08	0.935
样本量		388			
F		3.58 (0.000)			
$R - sq$：within		0.3305			
between		0.5368			
overall		0.5248			

注：***、** 和 * 分别表示在 1%、5% 和 10% 水平上显著。括号内的数字是 p 值。

如表 6 - 19 所示，在 95% 的显著性水平下的 p 值为 0.0000，说明模型非常显著；调整的判定系数较高，说明模型回归结果对样本数据拟合较好。通过在模型中逐渐加入变量的方法检验模型的稳健性（梁婧等，2015），各变量作用方向未发生变化，主要解释变量的显著性未受影响，表明研究结果具有稳健性。

（1）生态服务价值变量对生态承载力的影响分析。生态服务价值变量由耕地面积、林地面积、当量因子价值三个变量组成，其中林地面积、当量因子价值两个变量通过了1％的显著性检验。结合生态承载力指数在2000～2010年大幅提高、在2010～2015年有所降低的趋势，表明林地面积和当量因子价值是影响生态承载力指数前期升高而后期降低的驱动因素。

（2）生态足迹价值变量对生态承载力的影响分析。生态足迹价值变量由人口数量、人均消费价值、地区生产总值、单位地区生产总值能耗四个变量组成，其中人均消费价值变量通过了1％的显著性检验。结合生态承载力指数的变化趋势，表明人均消费价值是阻碍生态承载力指数提升的主要影响因素。另外，地区生产总值变量与预期方向不一致，可能的原因是前期为了促进经济发展而损害了生态，但随着经济发展水平的提高，我国越来越重视生态，经济发展会促进生态承载力的提高。

6.2.2.4　生态承载力分析

综上所述，构建生态足迹—服务价值法的生态承载力分析框架，利用2000～2015年的四期面板数据，以价值量（资金）为单位研究区县生态承载力状态及动态演化过程。研究结果表明：

（1）从2000～2015年整体来看。2000～2010年生态足迹价值和生态服务价值快速增长，生态服务价值年均增长率大于生态足迹价值的，使得生态承载力指数快速升高；2010～2015年生态足迹价值持续增长（陕北地区缓慢降低），生态服务价值有所降低，促使生态承载力指数降低。

（2）分期分区来看。2000～2010年，陕西省三大地区的生态承载力指数升高的影响因素不完全相同。陕北地区是地区生产总值增长引起的；关中地区是人口数量和人均消费水平导致的；陕南地区是人均消费水平提高的结果。2010～2015年，陕北、关中、陕南地区生态承载力指数降低的主要原因均是人均消费水平提高。

（3）采用面板数据的空间杜宾模型，发现生态承载力动态演化的驱动因素是林地面积、生态服务价值当量因子价值和人均消费价值。

6.2.2.5 建议

根据以上研究结论，为了保障区域生态安全，促进可持续发展，降低生态承载力指数，本书提出以下三点建议：

（1）控制人口规模和城市面积。人口向城镇流动是推进城镇化建设的必然结果，城市人口增长会消费更多的生物资源；城市面积的扩张与城市人口的快速增加有着密切联系，城市面积的扩张挤占提供更多生态服务价值的地类，使生态系统供给与需求趋向失衡，降低生态承载力指数，因此控制城市面积和人口规模非常重要。

（2）持续降低单位地区生产总值能耗。单位地区生产总值能耗影响化石能源的消费需求，随着我国国内生产总值不断增长，持续降低单位地区生产总值能耗，能有效降低生态足迹价值，遏制生态承载力指数过快降低。

（3）加大生态修复工程投入力度。生态修复工程一方面优化土地资源的配置，另一方面调节净初级生产力，提高生态服务价值，缓解生态承载力指数快速降低，因此持续加大生态修复工程投入力度能促进生态系统需求与供给的平衡。

6.3 本章小结

本章针对生态承载力研究缺乏生态学理论支撑、区县尺度时空动态演化以及评价标准客观通用性不足的现状，通过构建以价值量（资金）为单位的生态足迹—服务价值法的生态承载力分析框架，选取陕西省 97 个区县的 2000～2015 年四期数据，从全局和局部两个空间层面，深入探索陕西省生态承载力指数在空间上的分布特征及演化路径。研究发现：陕西省生态承载力指数存在区域差异性，陕西省及陕北、陕南地区生态承载力指数先快速上升后缓慢降低，关中地区先缓慢上升后有所降低。从三大区域来看，陕北、关中地区的多数区县生态承载力指数呈现一定幅度波动，陕南地区的个别区县波动程度很大，其中宁陕县波动最为明显。陕西省生态承载力指数一直存在显著的空间自相关和空间异质性，表现为：16年间生态承载力指数在空间上的演化过程，目前已经形成了较为稳定的空间格局，即陕北、关中较低，陕南较高；存在高值或低值的集聚现象，并且低值集聚更为明显，在空间上向关中地区集中。

之后，本章利用2000～2015年的四期面板数据，以价值量（资金）为单位研究区县生态承载力状态及动态演化过程。研究结果表明：2000～2010年生态足迹价值和生态服务价值快速增长，生态服务价值年均增长率大于生态足迹价值的，使得生态承载力指数快速升高；2010～2015年生态足迹价值持续增长（陕北地区缓慢降低），生态服务价值有所降低，促使生态承载力指数降低。分期分区来看，2000～2010年，陕西省三大地区的生态承载力指数升高的因素并不完全相同。陕北地区是地区生产总值增长引起的；关中地区是人口数量和人均消费水平导致的；陕南地区是人均消费水平提高的结果。2010～2015年陕北、关中、陕南地区生态承载力指数降低的主要原因均是人均消费水平提高。采用面板数据的空间杜宾模型，发现生态承载力动态演化的驱动因素是林地面积、生态服务价值当量因子价值和人均消费价值。

第7章 供需均衡视角的
补偿标准确定

第5章从农户群体角度出发，以陕西省各区县历年开展的退耕还林工程为研究对象，通过理论分析得到了农户群体退耕林地供给的可能性曲线，并实证分析了农户群体对退耕还林工程林地供给的影响因素，运用结果导向法绘制了退耕还林工程的林地供给曲线。第6章构建了以价值量（资金）为单位的生态足迹—服务价值法的生态承载力分析框架，选取陕西省97个区县的2000～2015年四期数据，运用差异系数、全局Moran's I、Moran散点图和LISA集聚分析生态承载力空间分布特征、演化路径及其原因。本章基于以上两章的研究，通过生态承载力指数反推生态服务价值的需求量，进而得出政府对退耕还林工程的林地需求量。结合第5章退耕还林工程的林地供给曲线，确定基于供需均衡视角下的退耕还林工程补偿标准，并探讨生态修复合理增长下的退耕还林工程的补偿标准。

7.1 政府对退耕还林工程的需求量

本书基于结果导向的方法，确定政府对退耕还林工程的需求量。区域性的结果导向型退耕还林工程对各区域产生终极的制约和"倒逼"作用，其结果是迫使区域经济发展要依据区域生态承载力"量体裁衣"（曹树青，2013）。结果导向的政府对退耕还林工程的需求量就是要具有区域生态承载力的整体观，以整个区域为研究对象，通过区域生态承载力结果（目标）导向倒逼得出区域退耕还林工程政府需求量目标，为了达到政府需求量目标安排区域退耕还林工程的补偿标准、补偿方案等。

7.1.1　研究方法

基于上面所得的生态承载力指数，本章利用生态承载力指数模型反推生态服务价值需求量，依据《单位面积生态系统服务价值当量》（谢高地等，2015）计算林地需求量，进而确定退耕还林工程的退耕林地需求量。

首先，利用生态承载力指数模型式（6 - 4），建立生态服务价值需求模型式（7 - 1）：

$$EC_{ij} = I_{ij} \times EF_{ij} \tag{7-1}$$

其次，依据《单位面积生态系统服务价值当量》（谢高地等，2015）计算林地需求量，建立林地需求量模型（7 - 2）：

$$Q_{ij} = \frac{EC_{ij}}{EA_{ij} \times e_{lg}} \tag{7-2}$$

式中：Q_{ij} 指第 i 地区第 j 年林地需求量，e_{lg} 指耕地转化为林地生态服务价值当量因子差异，选取 13.52（谢高地等，2015）。

虽然得到了林地需求量，但是林地需求量并非全部由退耕还林工程承担，因此依据退耕还林工程期间的退耕林地占造林地年平均比例计算，确定退耕还林工程中退耕林地面积，建立退耕林地需求量模型（7 - 3）：

$$TG_{ij} = \alpha Q_{ij} \tag{7-3}$$

式中：TG_{ij} 指第 i 地区第 j 年退耕林地需求量，α 指退耕还林工程期间的退耕林地占造林地年平均比例。

7.1.2　退耕还林工程的林地需求量分析

若以 2000 年的生态承载力指数为基期，利用模型（7 - 1）~ 模型（7 - 3），得到政府对退耕还林工程的林地需求量（见表 7-1）。

表 7-1 政府对退耕还林工程需求量

地区	年份	生态服务价值（亿元）	生态足迹价值（亿元）	生态承载力	林地需求量（万公顷）	平均造林退耕率	退耕林地需求量（万公顷）
陕西省	2000	1012.49	1421.64	0.71			
	2005	1644.92	1960.63	0.84	-295.16	0.25	-74.70
	2010	2521.07	2584.92	0.98	-547.16	0.25	-138.48
	2015	2220.70	2713.20	0.82	-229.52	0.25	-58.09
西安市	2000	68.94	361.95	0.19			
	2005	106.10	515.77	0.21	-7.21	0.14	-0.99
	2010	152.61	750.97	0.20	-5.83	0.14	-0.80
	2015	136.57	788.23	0.17	9.24	0.14	1.27
铜川市	2000	19.74	26.62	0.74			
	2005	31.51	37.96	0.83	-4.11	0.18	-0.74
	2010	51.58	55.85	0.92	-7.56	0.18	-1.37
	2015	44.54	63.32	0.70	2.07	0.18	0.37
宝鸡市	2000	115.86	143.83	0.81			
	2005	168.59	171.50	0.98	-35.65	0.20	-7.21
	2010	280.28	228.26	1.23	-68.34	0.20	-13.82
	2015	251.72	241.83	1.04	-44.93	0.20	-9.09
咸阳市	2000	43.36	195.75	0.22			
	2005	68.04	289.28	0.24	-3.81	0.23	-0.87
	2010	102.68	304.34	0.34	-22.24	0.23	-5.10
	2015	93.84	347.62	0.27	-11.58	0.23	-2.65
渭南市	2000	59.52	186.71	0.32			
	2005	82.38	248.78	0.33	-4.28	0.24	-1.02
	2010	120.52	336.34	0.36	-10.75	0.24	-2.56
	2015	108.57	351.77	0.31	3.26	0.24	0.78
延安市	2000	160.08	86.88	1.84			
	2005	332.56	140.14	2.37	-72.89	0.30	-21.67
	2010	585.75	159.03	3.68	-166.81	0.30	-49.59
	2015	491.53	171.43	2.87	-119.24	0.30	-35.45

地区	年份	生态服务价值（亿元）	生态足迹价值（亿元）	生态承载力	林地需求量（万公顷）	平均造林退耕率	退耕林地需求量（万公顷）
汉中市	2000	210.41	124.57	1.69			
	2005	284.98	181.41	1.57	21.18	0.44	9.39
	2010	392.46	185.05	2.12	-58.75	0.44	-26.06
	2015	372.08	196.00	1.90	-31.82	0.44	-14.12
榆林市	2000	133.83	100.13	1.34			
	2005	255.55	165.95	1.54	-33.49	0.19	-6.52
	2010	382.57	296.29	1.29	8.88	0.19	1.73
	2015	304.15	266.44	1.14	42.99	0.19	8.37
安康市	2000	104.80	109.20	0.96			
	2005	171.31	106.72	1.61	-94.06	0.31	-28.76
	2010	264.36	123.60	2.14	-133.59	0.31	-40.84
	2015	261.70	133.17	1.97	-124.02	0.31	-37.92
商洛市	2000	95.96	86.00	1.12			
	2005	143.31	103.10	1.39	-40.96	0.24	-9.91
	2010	188.16	145.20	1.30	-28.81	0.24	-6.97
	2015	156.00	153.40	1.02	20.12	0.24	4.87

如表 7-1 所示，陕西省及 10 个地市生态服务价值经过 2000~2010 年的快速增加，2010~2015 年有所降低，表明 2000~2010 年退耕还林工程等生态修复工程对生态服务价值的增长起到了较大的作用，之后随着退耕还林工程转入成果巩固阶段，社会经济的快速发展使得建设用地挤占生态服务价值较大的土地，导致生态服务价值有所降低。陕西省及 10 个地市生态足迹价值持续增长，主要受 16 年来社会经济快速发展的影响。从生态承载力指数来看，与生态服务价值变化趋势类似，前期快速提高，后期有所降低，表明退耕还林等生态修复工程虽然延缓了生态承载力指数的下降，但仍无法改变其趋势。

以 2000 年的生态承载力指数为基础进行比较，陕西省及 10 个地市 2000~2015 年林地需求量部分为负，表明退耕还林工程等生态修复工程已经补充了其林地需求量，但部分地市仍存在较大的林地需求量。其中，西安在

2015 年需要 9. 24 万公顷；铜川在 2015 年需要 2. 07 万公顷；渭南在 2015 年需要 3. 26 万公顷；汉中在 2005 年需要 21. 18 万公顷；榆林在 2010 年和 2015 年分别需要 8. 88 万公顷和 42. 99 万公顷；商洛在 2015 年需要 20. 12 万公顷。

在林地需求量的基础上，可以得到退耕林地需求量，需要注意的是，这些退耕林地需求量是在已实施退耕林地的基础上增加的需求量。西安在 2015 年需要再增加 1. 27 万公顷；铜川在 2015 年需要再增加 0. 37 万公顷；渭南在 2015 年需要再增加 0. 78 万公顷；汉中在 2005 年需要再增加 9. 39 万公顷；榆林在 2010 年和 2015 年分别需要再增加 1. 73 万公顷和 8. 37 万公顷；商洛在 2015 年需要再增加 4. 87 万公顷。

另外，陕西省林地需求量及退耕林地需求量与各地市合计不符，这是因为其分别按照生态承载力指数及单位生态服务价值当量因子价值计算所得。

7.2　供需均衡视角的补偿标准确定

7.2.1　退耕还林工程的林地需求量

第 6 章提出的政府对退耕林地的需求量，是在已有退耕还林工程成果的基础上得到的，也就是说陕西省社会经济对退耕林地的总需求量，是已有退耕还林工程的成果加上当年的需求量。为了便于说明，本书参照 2000 年的生态承载力水平，以 2015 年为例，计算陕西省及各地市的退耕林地总需求量。由于陕西省新增的退耕还林工程的林地需求面积与各地市合计的结果不符，出于生态修复工程的目的考虑，本书选取较大值（见表 7 - 2）。

表 7 - 2　　　　　　　　　**2015 年陕西省退耕林地总需求量**　　　　　　单位：万公顷

地区	已有退耕林地面积	新增退耕林地需求面积	总退耕林地需求量
陕西省	101. 92	- 58. 09	43. 83
西安市	1. 32	1. 27	2. 59
铜川市	2. 34	0. 37	2. 71

地区	已有退耕林地面积	新增退耕林地需求面积	总退耕林地需求量
宝鸡市	5.33	-9.09	-3.76
咸阳市	4.21	-2.65	1.56
渭南市	6.48	0.78	7.26
延安市	33.49	-35.45	-1.96
汉中市	8.51	-14.12	-5.61
榆林市	18.59	8.37	26.96
安康市	14.27	-37.92	-23.65
商洛市	7.36	4.87	12.23

如表 7 - 2 所示，在已有退耕还林工程成果的基础上，结合新增退耕林地需求面积，得到总退耕林地需求量。其中，陕西省及西安市、铜川市、咸阳市、渭南市、榆林市和商洛市 6 地市的总退耕林地需求量为正值，表明其生态服务价值不能达到 2000 年时的生态承载力水平，需要推进退耕还林工程，所需林地面积分别为：43.83 万公顷、2.59 万公顷、2.71 万公顷、1.56 万公顷、7.26 万公顷、26.96 万公顷和 12.23 万公顷，需要给予退耕还林补偿。然而，宝鸡市、延安市、汉中市和安康市 4 地市的总退耕林地需求量为负值，表明其生态服务价值能达到 2000 年时的生态承载力水平，不需要开展退耕还林工程，可以不予退耕还林的补偿。

以上研究结果中，陕西省新增的退耕还林工程的林地需求面积与各地市合计的结果不符，其原因可能是陕西省及各地市的生物资源人均消费价值、单位地区生产总值能耗、单位生态服务价值当量因子价值、平均造林退耕率等存在差异，本书出于退耕还林工程的目的考虑，选取其中的较大值。

7.2.2　确定退耕还林工程的林地补偿标准

依据上面得到的总退耕林地需求量，结合第 5 章中陕西省及各地市的退耕林地供给曲线，可以计算得到陕西省及各地市的退耕还林工程的林地补偿标准（见表 7 - 3）。

表 7－3　　　　　　　　2015 年陕西省退耕林地补偿标准

地区	总退耕林地需求量 （万公顷）	补偿标准 （元/公顷）	备注
陕西省	43.83	2419.12	
西安市	2.59	2876.68	
铜川市	2.71	2600.59	
宝鸡市	－3.76		满足需求，不需补偿
咸阳市	1.56	2252.38	
渭南市	7.26	2611.85	
延安市	－1.96		满足需求，不需补偿
汉中市	－5.61		满足需求，不需补偿
榆林市	26.96	2753.32	
安康市	－23.65		满足需求，不需补偿
商洛市	12.23	4044.50	

注：补偿标准为 2000 年基期价格计算所得。

如表 7－3 所示，由于宝鸡市、延安市、汉中市和安康市 4 地市不需开展退耕还林工程，其生态承载力也能达到 2000 年的水平，所以可以不予退耕还林工程的补偿。经过计算，陕西省及西安市、铜川市、咸阳市、渭南市、榆林市和商洛市 6 地市的退耕林地补偿标准分别为：2419.12 元/公顷、2876.68 元/公顷、2600.59 元/公顷、2252.38 元/公顷、2611.85 元/公顷、2753.32 元/公顷和 4044.50 元/公顷。

7.3　生态修复下的退耕还林工程补偿标准确定

上面参照 2000 年的生态承载力水平，以 2015 年为例，计算了陕西省及各地市的退耕还林工程的林地总需求量及补偿标准，但退耕还林工程的目的是给予利益受损者适当的经济补偿，激励其改变原有土地经营类型，以改善生态环境，因此需要研究生态修复下的退耕还林工程的补偿标准。

党的十九大报告将生态文明建设提升为中华民族永续发展的千年大计，

提出生态文明建设功在当代、利在千秋，绿水青山就是金山银山，节约资源和保护环境的基本国策，牢固树立社会主义生态文明观。要建设的生态文明现代化是人与自然和谐共生的现代化，既要创造更多物质财富和精神财富以满足人民日益增长的美好生活需要，也要提供更多优质生态产品以满足人民日益增长的优美生态环境需要。因此，退耕还林工程不能仅局限于维持生态承载力水平，更要通过提高生态服务价值，修复改善生态环境，以达到提高生态承载力的目标。

7.3.1 生态修复下的政府对退耕还林工程的需求量

为了提高生态承载力，改善生态环境，需要探讨生态环境稳步修复下的退耕还林工程需求量目标和补偿标准。首先需要确定生态修复的合理增长率，即生态承载力的合理增长程度；之后，在生态修复的合理增长率下，确定生态承载力水平，进而计算出退耕还林工程的林地需求量和补偿标准。

7.3.1.1 生态修复合理增长率的确定

在探讨生态环境稳步修复下的退耕还林工程需求量目标之前，先要确定生态修复的合理增长率。结合唐秀美等（2016）以 GDP 变化率、生活水平、预期寿命和受教育程度等衡量社会经济发展，进而研究生态经济协调度，本书在维持生态承载力的条件下，考虑国内生产总值、财政收入、居民消费水平及人口数量等影响需求的因素，探讨生态修复下的增长率。其原因主要是国内生产总值表征社会经济的整体发展水平，财政收入表征政府所能负担的支持生态修复的能力，居民消费水平表征人民对生态修复的期望和消费能力，而人口数量直接影响生态承载力水平和改善的难易程度。结合数据可得性，选择人均地区生产总值年均增长率、人均财政收入年均增长率和人均消费支出年均增长率三项指标确定生态修复合理增长率。由于生态服务价值增长缓慢，而人均地区生产总值年均增长率、人均财政收入年均增长率和人均消费支出年均增长率三项指标的增长较快且受其他因素影响较大，因此不宜采用三项指标年均增长率的最大值作为生态修复的合理增长率，所以选择三项指标年均增长率的最小值作为其合理增长率（见表 7-4）。

表 7-4　　　　　　　　　　生态修复合理增长率　　　　　　　　单位:%

地区	年份	人均地区生产总值年均增长率	人均财政收入年均增长率	人均消费支出年均增长率	生态修复合理增长率
陕西省	2005	6.8	12.0	5.2	0.5
	2010	0.5	10.3	4.6	
	2015	-1.0	8.6	3.6	
西安市	2005	5.5	-1.7	5.2	1.9
	2010	-1.4	1.9	4.7	
	2015	-2.2	4.5	3.4	
铜川市	2005	5.9	8.9	6.1	0.6
	2010	3.2	13.9	6.3	
	2015	0.6	9.1	5.0	
宝鸡市	2005	7.2	2.1	2.2	2.1
	2010	-0.9	4.2	3.3	
	2015	-2.1	4.3	2.8	
咸阳市	2005	4.0	-4.3	6.8	1.9
	2010	-3.1	1.9	3.1	
	2015	-2.9	2.4	3.0	
渭南市	2005	2.8	-6.3	4.4	1.9
	2010	-1.5	1.9	4.4	
	2015	-1.9	3.0	3.6	
延安市	2005	11.9	29.2	8.0	0.6
	2010	0.6	12.7	4.0	
	2015	-2.3	8.0	3.2	
汉中市	2005	1.8	-2.7	6.9	1.4
	2010	-2.8	1.4	3.9	
	2015	-2.5	3.1	2.9	
榆林市	2005	24.5	24.5	7.3	5.3
	2010	11.9	20.7	7.5	
	2015	6.2	16.7	5.3	

续表

地区	年份	人均地区生产总值 年均增长率	人均财政收入 年均增长率	人均消费支出 年均增长率	生态修复 合理增长率
安康市	2005	− 4.9	− 10.4	− 1.1	0.5
	2010	− 5.3	0.5	1.6	
	2015	− 3.1	2.5	1.5	
商洛市	2005	4.7	− 7.0	3.1	0.3
	2010	2.0	5.3	5.1	
	2015	0.3	5.9	3.7	

如表 7 - 4 所示，通过人均地区生产总值年均增长率、人均财政收入年均增长率和人均消费支出年均增长率三项指标的比选，确定了陕西省及各地市的生态修复合理增长率，其中陕西省为 0.5%；西安市为 1.9%；铜川市为 0.6%；宝鸡市为 2.1%；咸阳市为 1.9%；渭南市为 1.9%；延安市为 0.6%；汉中市为 1.4%；榆林市为 5.3%；安康市为 0.5%；商洛市为 0.3%。

7.3.1.2 生态修复下退耕还林工程的林地需求量确定

参照上面政府对退耕还林工程的林地需求量的计算方法，确定生态修复下退耕还林工程的林地需求量。为了便于说明，依然以 2015 年为例，计算陕西省及各地市的退耕林地总需求量。由于陕西省新增的退耕还林工程的林地需求面积与各地市合计的结果不符，出于生态修复工程的目的考虑，本书依然选取较大值（见表 7 - 5）。

表 7 - 5　　　　　生态修复下的 2015 年陕西省退耕林地总需求量

地区	生态修复合理 增长率（%）	已有退耕林地面积 （万公顷）	新增退耕林地需求面积 （万公顷）	总退耕林地需求量 （万公顷）
陕西省	0.5	101.92	− 30.79	71.13
西安市	1.9	1.32	5.89	7.21
铜川市	0.6	2.34	1.03	3.37
宝鸡市	2.1	5.33	2.34	7.67
咸阳市	1.9	4.21	1.22	5.43
渭南市	1.9	6.48	8.72	15.20

续表

地区	生态修复合理增长率（％）	已有退耕林地面积（万公顷）	新增退耕林地需求面积（万公顷）	总退耕林地需求量（万公顷）
延安市	0.6	33.49	−29.56	3.93
汉中市	1.4	8.51	11.85	20.36
榆林市	5.3	18.59	75.51	94.10
安康市	0.5	14.27	−35.28	−21.01
商洛市	0.3	7.36	7.35	14.71

　　如表 7-5 所示，在已有退耕还林工程成果的基础上，结合新增退耕林地需求面积，得到生态修复下的总退耕林地需求量。其中，陕西省及西安市、铜川市、宝鸡市、咸阳市、渭南市、延安市、汉中市、榆林市和商洛市 9 地市的总退耕林地需求量为正值，表明其生态服务价值不能达到在 2000 年时的生态承载力水平的生态修复合理增长，需要开展退耕还林工程，退耕林地面积分别为：71.13 万公顷、7.21 万公顷、3.37 万公顷、7.67 万公顷、5.43 万公顷、15.20 万公顷、3.93 万公顷、20.36 万公顷、94.10 万公顷和 14.71 万公顷，需要给予退耕还林补偿。然而，安康市的总退耕林地需求量为负值，表明其生态服务价值能达到 2000 年时的生态承载力水平的生态修复合理增长，不需要开展退耕还林工程，可以不予退耕还林的补偿。

7.3.2　确定生态修复下的退耕还林工程补偿标准

　　依据上面得到的生态修复合理增长下的总退耕林地需求量，结合第 5 章中陕西省及各地市的退耕林地供给曲线，可以计算得到陕西省及各地市的退耕还林工程的林地补偿标准（见表 7-6）。

表 7-6　　生态修复下的 2015 年陕西省退耕林地补偿标准

地区	总退耕林地需求量（万公顷）	补偿标准（元/公顷）	备注
陕西省	71.13	2887.53	
西安市	7.21	4164.06	

地区	总退耕林地需求量 （万公顷）	补偿标准 （元/公顷）	备注
铜川市	3.37	2706.66	
宝鸡市	7.67	3950.04	
咸阳市	5.43	2590.05	
渭南市	15.20	3190.52	
延安市	3.93	2205.84	
汉中市	20.36	4650.11	
榆林市	94.10	4132.69	
安康市	−21.01		满足需求，不需补偿
商洛市	14.71	4244.75	

注：补偿标准为2000年基期价格计算所得。

如表7-6所示，由于安康市不需开展退耕还林工程，其生态承载力也能达到生态修复下的政府对退耕还林工程的林地需求量，所以可以不予退耕还林工程的补偿。经过计算，陕西省及西安市、铜川市、宝鸡市、咸阳市、渭南市、延安市、汉中市、榆林市和商洛市9地市的退耕林地补偿标准分别为：2887.53元/公顷、4164.06元/公顷、2706.66元/公顷、3950.04元/公顷、2590.05元/公顷、3190.52元/公顷、2205.84元/公顷、4650.11元/公顷、4132.69元/公顷和4244.75元/公顷。

7.4　本章小结

本章依据第6章构建的以价值量（资金）为单位的生态足迹—服务价值法的生态承载力分析框架，通过生态承载力指数反推生态服务价值的需求量，进而得出政府对退耕还林工程的林地需求量，结合第5章退耕还林工程的林地供给曲线，确定基于供需均衡视角下的退耕还林工程补偿标准，并探讨了生态修复合理增长下的退耕还林工程的补偿标准。

本章以2000年的生态承载力指数为基础进行比较，陕西省及10个地市

2000～2015 年林地需求量部分为负，表明退耕还林工程等生态修复工程已经补充了其林地需求量，但部分地市仍存在较大的林地需求量。其中，西安在 2015 年需要 9.24 万公顷；铜川在 2015 年需要 2.07 万公顷；渭南在 2015 年需要 3.26 万公顷；汉中在 2005 年需要 21.18 万公顷；榆林在 2010 年和 2015 年分别需要 8.88 万公顷和 42.99 万公顷；商洛在 2015 年需要 20.12 万公顷。在林地需求量的基础上，得到退耕林地需求量，其中西安在 2015 年需要再增加 1.27 万公顷；铜川在 2015 年需要再增加 0.37 万公顷；渭南在 2015 年需要再增加 0.78 万公顷；汉中在 2005 年需要再增加 9.39 万公顷；榆林在 2010 年和 2015 年分别需要再增加 1.73 万公顷和 8.37 万公顷；商洛在 2015 年需要再增加 4.87 万公顷。

　　本章以 2015 年为例，计算了陕西省及各地市的基于供需均衡视角下的退耕还林工程补偿标准。由于宝鸡市、延安市、汉中市和安康市 4 地市不需开展退耕还林工程，其生态承载力也能达到 2000 年的水平，所以可以不予退耕还林工程的补偿。经过计算，陕西省及西安市、铜川市、咸阳市、渭南市、榆林市和商洛市 6 地市的退耕林地补偿标准分别为：2419.12 元/公顷、2876.68 元/公顷、2600.59 元/公顷、2252.38 元/公顷、2611.85 元/公顷、2753.32 元/公顷和 4044.50 元/公顷。

　　最后，本章探讨了生态修复合理增长下的退耕还林工程补偿标准。由于安康市不需开展退耕还林工程，其生态承载力也能达到生态修复下的政府对退耕还林工程的林地需求量，所以可以不予退耕还林工程的补偿。经过计算，陕西省及西安市、铜川市、宝鸡市、咸阳市、渭南市、延安市、汉中市、榆林市和商洛市 9 地市的退耕林地补偿标准分别为：2887.53 元/公顷、4164.06 元/公顷、2706.66 元/公顷、3950.04 元/公顷、2590.05 元/公顷、3190.52 元/公顷、2205.84 元/公顷、4650.11 元/公顷、4132.69 元/公顷和 4244.75 元/公顷。

第8章　研究结论与政策启示

第 4 章从农户个体角度出发，基于比较优势理论构建农户参与退耕还林工程的驱动机理分析框架及模型，以农户个体林地占农地面积比例为研究对象，利用退耕还林工程典型——吴起县四期横截面数据，分析农户参与退耕还林工程驱动因素的动态演化过程。第 5 章从农户群体角度出发，以陕西省各区县历年开展的退耕还林工程为研究对象，通过理论分析得到了农户群体退耕林地供给的可能性曲线，并实证分析了农户群体对退耕还林工程林地供给的影响因素，运用结果导向法绘制退耕还林工程的林地供给曲线。第 6 章构建了以价值量（资金）为单位的生态足迹—服务价值法的生态承载力分析框架，选取陕西省 97 个区县的 2000～2015 年四期数据，运用差异系数、全局 Moran's I、Moran 散点图和 LISA 集聚分析生态承载力空间分布特征、演化路径及其原因。第 7 章按照第 6 章提出的通过生态承载力指数，反推生态服务价值的需求量，进而得出政府对退耕还林工程的林地需求量，结合第 5 章退耕还林工程的林地供给曲线，确定基于供需均衡视角下的退耕还林工程补偿标准，并探讨了生态修复合理增长下的退耕还林工程的补偿标准。本章在以上各章节研究的基础上进行总结，并对研究结论提出政策建议。

8.1　研究结论

（1）农户个体参与退耕还林工程受多方面因素影响，其驱动因素并非静态的。本书基于比较优势理论构建了农户个体参与退耕还林工程的驱动机理分析框架及模型，利用吴起县 2004 年、2008 年、2011 年和 2014 年四期调研数据，实证分析了农户参与退耕还林工程驱动因素的动态演化过程。总体说来，农户个体参与退耕还林工程受多方面因素影响，主要驱动因素是林地与耕地的收入差值、转换成本和劳动量差值。农户个体参与退耕还林工程的驱动因素并非静态的，而是既有持续作用的因素，例如转换成本，又有随时期动态变化的因素，比如前期的补贴差值、后期的收入差值。具体表现为：

第一，补助（税费）差值因素和成本差值因素不是影响吴起县林地占农地面积比例升高的主要因素。吴起县林地与耕地的补助（税费）差值因素的影响逐渐从正向显著影响转变为不显著；耕地对林地的成本差值因素在各期中有正向影响也有负向影响且不显著，表明以上两个因素不是影响吴起县林地占农地面积比例升高的主要因素。

第二，收入差值、耕地向林地转换成本、劳动量差值是影响吴起县林地占农地面积比例升高的主要因素。耕地对林地的收入差值、耕地向林地转换成本是负向影响且较显著，耕地对林地的劳动量差值是正向影响且较显著，表明以上三个因素是影响吴起县林地占农地面积比例升高的主要影响因素。

第三，林地向耕地转换成本是巩固退耕还林工程成果的因素，非农业收入是促进退耕还林工程实施的因素。林地向耕地转换成本、非农业收入在各期中是正向影响且较显著，表明林地向耕地转换成本巩固了退耕还林工程成果，非农业收入促进了退耕还林工程的效果。

（2）为了分析农户个体决策行为对政府退耕还林工程最优补偿标准的影响，本书对吴起县各农地经营类型的主要作物品种的收益进行了分析，探讨了吴起县政府对退耕还林工程的最优补偿标准。对吴起县 4 种农地经营类型的主要作物品种收益的分析结果表明，该区域刺槐的最优轮伐期为 18.36 年；在当期退耕还林工程政策下，农户个体对于退耕还林工程的最优决策是参与经济林建设；政府若要调整农户的决策类型，则需进一步提高相应类型的补偿标准，若要使农户的最优决策调整为生态林建设，则需再给予农户 3791.12 元/（公顷·年）的补偿；若要使农户的最优决策调整为退耕还草建设，则需再给予农户 948.37 元/（公顷·年）的补偿。

（3）本书经过理论分析得到了农户群体参与退耕还林工程的林地供给

可能性曲线，之后通过分析林地占农地比例、林地占耕地比例等演化过程验证了农户群体参与退耕还林工程的林地供给曲线，采用陕西省97个区县的1999～2006年的面板数据实证分析了退耕还林工程政策对耕地数量的影响。结果表明，累积退耕量、补偿标准、劳动力数量、第一产业增加值和存款数量是耕地面积减少的主要原因，补偿标准、第一产业增加值和时间是影响退耕林地数量变化的主要原因。

（4）针对生态承载力研究缺乏生态学理论支撑、区县尺度时空动态演化以及评价标准客观通用性不足的现状，本书提出了生态足迹—服务价值法的生态承载力分析框架。通过构建以价值量（资金）为单位的生态足迹—服务价值法的生态承载力分析框架，选取陕西省97个区县的2000～2015年四期数据，从全局和局部两个空间层面，深入探索陕西省生态承载力指数在空间上的分布特征及演化路径。研究发现：陕西省生态承载力指数存在区域差异性，陕西省及陕北、陕南地区生态承载力指数先快速上升后缓慢降低，关中地区先缓慢上升后有所降低。从三大区域来看，陕北、关中地区的多数区县生态承载力指数呈现一定幅度波动，陕南地区的个别区县波动程度很大，其中宁陕县波动最为明显。陕西省生态承载力指数一直存在显著的空间自相关和空间异质性，表现为：16年间生态承载力指数在空间上的演化过程，目前已经形成了较为稳定的空间格局，即陕北、关中较低，陕南较高；存在高值或低值的集聚现象，并且低值集聚更为明显，在空间上向关中地区集中。

（5）通过生态足迹—服务价值法的生态承载力分析框架，反推退耕还林工程的林地需求量，发现部分地市需要提高退耕还林补偿标准，而部分地市不需给予退耕还林补偿。利用2000～2015年陕西省97个区县的四期面板数据，以价值量（资金）为单位研究区县生态承载力状态及动态演化过程，之后以2000年生态承载力水平反推2015年的退耕还林工程的林地需求量。研究结果表明：

第一，从2000～2015年整体来看。2000～2010年生态足迹价值和生态服务价值快速增长，生态服务价值年均增长率大于生态足迹价值的，使得生态承载力指数快速升高；2010～2015年生态足迹价值持续增长（陕北地区缓慢降低），生态服务价值有所降低，促使生态承载力指数降低。

第二，分期分区来看。2000～2010 年，陕西省三大地区的生态承载力指数升高的影响因素不完全相同。陕北地区是地区生产总值增长引起的；关中地区是人口数量和人均消费水平导致的；陕南地区是人均消费水平提高作用的结果。2010～2015 年，陕北、关中、陕南地区生态承载力指数降低的主要原因均是人均消费水平提高。采用面板数据的空间杜宾模型，本书发现生态承载力动态演化的驱动因素是林地面积、生态服务价值当量因子价值和人均消费价值。

第三，以 2000 年的生态承载力指数为基础进行比较，陕西省及 10 个地市 2000～2015 年林地需求量部分为负，表明退耕还林工程等生态修复工程已经补充了其林地需求量，但部分地市仍存在较大的林地需求量。其中，陕西省及西安市、铜川市、咸阳市、渭南市、榆林市和商洛市 6 地市不能达到2000 年的生态承载力水平，需要推进退耕还林工程，所需退耕林地面积分别为：43.83 万公顷、2.59 万公顷、2.71 万公顷、1.56 万公顷、7.26 万公顷、26.96 万公顷和 12.23 万公顷，其需要给予退耕还林的补偿标准分别是：419.12 元/公顷、2876.68 元/公顷、2600.59 元/公顷、2252.38 元/公顷、2611.85 元/公顷、2753.32 元/公顷和 4044.50 元/公顷。同时，宝鸡市、延安市、汉中市和安康市 4 地市不需开展退耕还林工程，其生态承载力也能达到2000 年的水平，所以可以不给予退耕还林工程补偿。

（6）在以上研究的基础上，进一步探讨了生态修复合理增长下的退耕还林工程补偿标准。选择人均地区生产总值年均增长率、人均财政收入年均增长率和人均消费支出年均增长率三项指标的最小值作为生态修复的合理增长率。通过计算，安康市不需开展退耕还林工程，其生态承载力也能达到生态修复下的退耕还林工程的退耕林地需求量，可以不给予退耕还林工程补偿；陕西省及西安市、铜川市、宝鸡市、咸阳市、渭南市、延安市、汉中市、榆林市和商洛市 9 地市需要推进退耕还林工程，所需退耕林地面积分别为：71.13 万公顷、7.21 万公顷、3.37 万公顷、7.67 万公顷、5.43 万公顷、15.20 万公顷、3.93 万公顷、20.36 万公顷、94.10 万公顷和 14.71 万公顷，其退耕林地补偿标准分别为：2887.53 元/公顷、4164.06 元/公顷、2706.66 元/公顷、3950.04 元/公顷、2590.05 元/公顷、3190.52 元/公顷、2205.84 元/公顷、4650.11 元/公顷、4132.69 元/公顷和 4244.75 元/公顷。

8.2 政策启示

（1）本书基于比较优势理论构建农户参与退耕还林工程的驱动机理分析框架及模型，提出了退耕还林工程提高林地占农地面积比例的三条路径：提高（降低）林地的相对补助（税费）标准、降低林地相对成本和提高林地相对收入。基于此，提出以下三点政策建议：

其一，调整退耕还林工程的补偿政策，引导补偿资金支持贫困农户。补偿对于退耕还林工程的影响虽逐渐不显著，但可以尝试与精准脱贫政策相结合，在提高生态修复效果的同时，促进贫困农户的脱贫。

其二，进一步降低林地相对成本，推进林业发展。通过降低林业资金、税费等成本支出，加大相关林业政策支持力度，推进林业发展。

其三，提高林地相对收入，提升退耕还林工程效果。林地相对收入对退耕还林工程的影响较为显著，可以进一步引导农户发展林业产业和林下经济，以提高林地相对收入，提升退耕还林工程实施效果。

（2）为了保障区域生态安全，促进可持续发展，提高生态承载力指数，结合陕西省生态承载力动态演化规律及驱动因素分析，提出以下三点建议：

其一，控制人口规模和城市面积。人口向城镇流动是推进城镇化建设的必然结果，城市人口的增长会更多地消费生物资源；城市面积的扩张与城市人口的快速增加有着密切联系，城市面积的扩张挤占提供更多生态服务价值的地类，使生态系统供给与需求趋向失衡，降低生态承载力指数，因此控制城市面积和人口规模非常重要。

其二，持续降低单位生产总值能耗。单位生产总值能耗影响化石能源的消费需求，随着中国国内生产总值不断增长，持续降低单位生产总值能耗，能有效降低生态足迹价值，遏制生态承载力指数过快降低。

其三，加大退耕还林工程投入力度。退耕还林工程一方面优化土地资源的配置，另一方面改善时空调节因子，提高生态服务价值，缓解生态承载力指数快速降低，因此持续加大退耕还林工程投入力度能促进生态系统需求与供给的平衡。持续加大退耕还林工程支持力度，既包括逐步提高退耕还林工程的林地补偿标准，也包括营林技能培训、病虫害防治等技术支持，强化退耕还林工程支持力度和丰富支持方式，切实减轻农户个体的营林负担。

（3）为保障退耕还林工程补偿标准的实施，提出以下三点措施：

其一，建立退耕还林工程林地需求的省级优化配置机制。按照《退耕还林条例》中统筹规划的原则，建立退耕还林工程林地需求的省级优化配置机制。本书计算得到，供需均衡下的商洛市退耕还林工程的林地补偿标准为4044.50 元/公顷，而宝鸡市退耕还林工程的林地补偿标准仅为 730.55 元/公顷，单位面积的退耕还林工程的林地补偿标准相差较大，建议仿照《京都议定书》中买卖"排放权交易"的方法，将退耕还林工程的林地需求量由省级统一安排和优化配置，提高退耕还林工程资金的使用效率。

其二，实施差异化的退耕还林工程的林地补偿标准。按照《退耕还林条例》中因地制宜、突出重点、分步实施的原则，实施差异化的退耕还林工程的林地补偿标准。退耕还林工程的差异化林地补偿标准，包括空间和时间两个方面。在空间方面，本研究因地制宜地计算出了陕西省及 10 个地市的退耕还林工程的林地补偿标准，可以解决退耕还林工程的林地补偿标准统一化与区域异质性矛盾，而且这些林地补偿标准在多数区域略低于 2014 年推出的退耕还林工程的林地补偿标准，有利于降低退耕还林工程的实施成本。在时间方面，突出重点、分步实施退耕还林工程。本书对吴起县退耕还林工程驱动因素的研究中，发现退耕还林工程的林地补偿对于退耕还林工程的影响逐渐不显著，可以尝试与精准脱贫政策相结合，在提高退耕还林工程实施效果的同时，将退耕还林工程资金同贫困农户个体倾斜。

其三，营造积极参加退耕还林工程的外部环境。树立"绿水青山就是金山银山"的理念，以生态引领全国各地市的自然环境提升和社会经济发展，营造积极参加退耕还林工程的外部环境，催生退耕还林工程的生态红利，使在绿水青山中受益的农户个体由最初的要我做变为我要做，并迸发出更大的生态自觉。

8.3　研究展望

（1）研究的时空范围可以进一步拓展。在研究农户个体参与退耕还林工程的驱动机理中，本书采用吴起县历年的调研数据，发现吴起县推进退耕还林工程以来，补贴对农户参与退耕还林工程的影响逐渐不显著，而收入差值、劳动量差值、转换因素是驱动农户参与退耕还林工程的主要因素。该研究结果推进了学者对于农户参与退耕还林工程影响因素的研究（李云驹等，2011；唐宏等，2011；黎洁和李树苗，2010），验证了部分学者的研究结论（Wang Chunmei & Maclaren Virginia，2012；于金娜和姚顺波，2012；任林静和黎洁，2013），明确了农户参与退耕还林工程的影响因素除了补贴外，还有耕地与林地的收入差值、转换成本等因素，这与部分研究成果存在差异，其原因除了研究区域的异质性外，还可能因为退耕还林工程的政策实施需要较长的时间，本书的时间跨度相比部分学者的较长。另外，本书选取有典型性的陕西省97个区县的2000～2015年四期数据进行空间分布特征及演化路径分析，但其仍可能存在可变面域问题（modifiable area unit problem，MAUP）。下一步在条件允许的情况下，可以尝试在空间上将研究区域进行扩展，在时间上将研究期次增多，从而使研究更具普适性和准确性。

（2）研究的方法可以进一步优化。研究中关于吴起县政府退耕还林工程的最优补偿标准的算法，也可以推广到其他决策项目中去，如果能再结合意愿价值评估法和机会成本法，将会使研究方法得到进一步改善，为更科学地确定退耕还林工程的补偿标准提供依据。本书构建的生态足迹—服务价值法的生态承载力分析框架，引入生态服务价值方法衡量生态承载力的供给，虽然克服了生态学理论支撑不足的缺陷，采用价值量（资金）为核算单位提升了生态承载力评价标准的通用性，但生态服务价值中时空调节因子区域差异较大，仍需对研究结果的稳健性加以检验。生态足迹—服务价值法的生态承载力分析框架核算出生态承载力指数，但生态承载力指数的影响因素及驱动机理仍需深入研究。

（3）研究的假设条件可以进一步放松。研究中假设可供农户选择的农地经营类型主要为林地和耕地，主要作物品种为刺槐、沙棘、牧草和玉米，当然其农地经营类型可以扩展到草地、经济林地和生态林地等，作物品种也可以增加，而其研究结果不会影响本书的主要结论。

参 考 文 献

［1］卜范达，韩喜平. "农户经营"内涵的探析［J］. 当代经济研究，2003（9）：37－41.

［2］曹明德. 对建立我国生态补偿制度的思考［J］. 法学，2004（3）：40－43.

［3］曹树青. 结果导向型区域环境治理法律机制探究［J］. 中国人口·资源与环境，2013，23（2）：108－114.

［4］陈丹红. 构建生态补偿机制实现可持续发展［J］. 生态经济，2005（12）：48－50.

［5］陈强. 高级计量经济学及 Stata 应用［M］. 北京：高等教育出版社，2014.

［6］陈孝勇. 陕西省退耕还林工程分析与评价［D］. 杨凌：西北农林科技大学，2009.

［7］程超，童绍玉，彭海英，闫少凯. 滇中城市群水资源生态承载力的平衡性研究［J］. 资源科学，2016，38（8）：1561－1571.

［8］邓健. 陕北黄土丘陵区典型退耕流域农林景观配置模式综合评价及优化［D］. 杨凌：西北农林科技大学，2017.

［9］邓羽. 北京市土地出让价格的空间格局与竞租规律探讨［J］. 自然资源学报，2015，30（2）：218－225.

［10］地球科学大辞典：基础学科卷［M］. 北京：地质出版社，2006.

［11］杜英. 黄土丘陵区退耕还林生态系统耦合效应研究——以安塞县为例［D］. 杨凌：西北农林科技大学，2008.

[12] 樊杰，周侃，王亚飞.全国资源环境承载能力预警（2016 版）的基点和技术方法进展 [J].地理科学进展，2017，36（3）：266 – 276.

[13] 封志明，杨艳昭，闫慧敏，潘韬，李鹏.百年来的资源环境承载力研究：从理论到实践 [J].资源科学，2017，39（3）：379 – 395.

[14] 冯艳斌.基于粮食安全的延安市耕地保有量研究 [D].西安：长安大学，2013.

[15] 付意成，吴文强，阮本清.永定河流域水量分配生态补偿标准研究 [J].水利学报，2014，45（2）：142 – 149.

[16] 傅伯杰，于丹丹.生态系统服务权衡与集成方法 [J].资源科学，2016，38（1）：1 – 9.

[17] 高崇辉，周江，周繁，等.湖北省生态足迹测度与动态变化研究 [J].中国农业资源与区划，2008，29（6）：61 – 66.

[18] 郭建英.吴起县退耕还林工程效益的监测与评价研究 [D].北京：北京林业大学，2009.

[19] 郭霞.基于农户生产技术选择的农业技术推广体系研究——以江苏省小麦生产为例 [D].南京：南京农业大学，2008.

[20] 中国林业统计年鉴 [M].北京：中国林业出版社，1999 – 2018.

[21] 中国统计年鉴 [M].北京：中国统计出版社，1999 – 2016.

[22] 韩德军，刘建忠，赵春艳.基于主体功能区规划的生态补偿关键问题探讨——一个博弈论视角 [J].林业经济，2011（7）：54 – 57.

[23] 韩洪云，喻永红.退耕还林的环境价值及政策可持续性——以重庆万州为例 [J].中国农村经济，2012（11）：44 – 55.

[24] 韩洪云，喻永红.退耕还林生态补偿研究：成本基础、接受意愿抑或生态价值标准 [J].农业经济问题，2014（4）：64 – 72，112.

[25] 何国梅.构建西部全方位生态补偿机制保证国家生态安全 [J].贵州财经学院学报，2005（4）：4 – 9.

[26] 贺卫，王浣尘.西方经济学说史中地租理论的演变 [J].当代经济科学，2000，22（2）：65 – 71.

[27] 贺文敏.退耕还林背景下陕北丘陵沟壑区乡村聚落变迁与发展研究

［D］．西安：西安建筑科技大学，2014.

［28］洪尚群，马丕京，郭意光．生态补偿制度的探索［J］．环境科学与技术，2001（5）：40－43.

［29］霍学喜，姚顺波，郭亚军．陕西省能源开发水土保持生态补偿标准研究［M］．北京：中国农业出版社，2009.

［30］贾卓，陈兴鹏，善孝玺．草地生态系统生态补偿标准和优先度研究——以甘肃省玛曲县为例［J］．资源科学，2012，34（10）：1951－1958.

［31］蒋依依，宋子千，张敏．从生态补偿标准研究思考旅游业对生态保护的作用——以云南省玉龙县为例［J］．人文地理，2014（5）：149－154.

［32］焦永利，叶裕民．经济学供需模型的制度化改进与初步运用［J］．经济理论与经济管理，2014（9）：47－57.

［33］靳相木，柳乾坤．自然资源核算的生态足迹模型演进及其评论［J］．自然资源学报，2017，32（1）：163－176.

［34］康琪雪．西方竞租理论发展过程与最新拓展［J］．经济经纬，2008（6）：12－14，46.

［35］康之望．基于公共物品理论农村环境连片整治研究［J］．经营管理者，2016（13）：276.

［36］柯水发．农户参与退耕还林行为理论与实证研究［D］．北京：北京林业大学，2007.

［37］孔凡斌，陈建成．完善我国重点公益林生态补偿政策研究［J］．北京林业大学学报（社会科学版），2009，8（4）：32－39.

［38］黎德福，唐雪梅．劳动无限供给下中国的经济波动［J］．经济学（季刊），2013，12（3）：823－846.

［39］黎洁，李树茁．基于态度和认知的西部水源地农村居民类型与生态补偿接受意愿——以西安市周至县为例［J］．资源科学，2010，32（8）：1505－1512.

［40］李彩红．水源地生态保护成本核算与外溢效益评估研究［D］．泰

安：山东农业大学，2014.

[41] 李国平，石涵予．国外生态系统服务付费的目标、要素与作用机理研究［J］．新疆师范大学学报（哲学社会科学版），2015，36（2）：87 -97.

[42] 李国平，石涵予．退耕还林生态补偿标准、农户行为选择及损益［J］．中国人口·资源与环境，2015，25（5）：152 -161.

[43] 李国平，张文彬．退耕还林生态补偿契约设计及效率问题研究［J］．资源科学，2014，36（8）：1670 -1678.

[44] 李焕，黄贤金，金雨泽，张鑫．长江经济带水资源人口承载力研究［J］．经济地理，2017，37（1）：181 -186.

[45] 李蕊超，林慧龙．退耕还草对中国食物安全的影响：以甘肃省为例［J］．草地学报，2014，22（1）：22 -26.

[46] 李世东，吴转颖．中西部地区退耕还林还草模式探讨［J］．林业科学，2002，38（3）：154 -159.

[47] 李晓光，苗鸿，郑华，欧阳志云，肖燚．机会成本法在确定生态补偿标准中的应用——以海南中部山区为例［J］．生态学报，2009，29（9）：4875 -4883.

[48] 李一曼，修春亮，程林，陈斌．基于 ESDA 的城乡关联时空演变研究——以浙江省为例［J］．长江流域资源与环境，2013，22（10）：1250 -1256.

[49] 李云驹，许建初，潘剑君．松华坝流域生态补偿标准和效率研究［J］．资源科学，2011，33（12）：2370 -2375.

[50] 梁婧，张庆华，龚六堂．城市规模与劳动生产率：中国城市规模是否过小？——基于中国城市数据的研究［J］．经济学（季刊），2015，14（3）：1053 -1072.

[51] 林国庆，柳婉郁．考量碳吸存效益之杉木造林奖励金分析［J］．农业经济，2005（79）：71 -102.

[52] 林毅夫．发展战略、自生能力和经济收敛［J］．经济学（季刊），2002，1（2）：269 -300.

［53］刘纪远，匡文慧，张增祥，徐新良，秦元伟，宁佳，周万村，张树文，李仁东，颜长珍，吴世新，史学正，江南，于东升，潘贤章，迟文峰.20世纪80年代末以来中国土地利用变化的基本特征与空间格局［J］.地理学报，2014，69（1）：3－13.

［54］刘明月.禽流感疫情冲击下养殖户经济损失评价及补偿政策优化研究——以宁夏中卫蛋鸡养殖为例［D］.杨凌：西北农林科技大学，2017.

［55］刘强，彭晓春，周丽旋.城市饮用水水源地生态补偿标准测算与资金分配研究——以广东省东江流域为例［J］.生态经济，2012，248（1）：33－37.

［56］刘涛，仝德，李贵才.空间尺度对城市竞标地租理论的适用性影响分析：以深圳经济特区为例［J］.经济地理，2014，34（2）：67－72.

［57］刘晓光，朱晓东.黑龙江省限制开发区域林业生态建设补偿机制探析［J］.生态经济，2013（3）：189－193.

［58］刘晓黎，曹玉昆，国洪飞.区域性森林涵养水源生态效益补偿［J］.林业科学，2010，46（4）：103－110.

［59］刘晓丽.城市群地区资源环境承载力理论与实践［M］.北京：中国经济出版社，2013.

［60］刘震，姚顺波.黄土高原退耕还林补偿标准及补偿年限的实证分析［J］.林业经济问题，2008，28（1）：86－89.

［61］柳亮，陈志丹.政府与农户博弈的一个分析框架：基于"退耕还林"政策的分析［J］.求索，2009（1）：53－55，58.

［62］陆岷峰，葛和平.中国互联网金融生态足迹、承载力及效率的测算与评价研究［J］.管理学刊，2018，31（1）：22－32.

［63］吕粉桃.青海大通山地退耕还林生境演变特征及其评价研究［D］.北京：北京林业大学，2007.

［64］吕金芝.林业重点工程补助的经济分析［J］.林业经济，2007（12）：54－57.

［65］马明德，马学娟，谢应忠，等.宁夏生态足迹影响因子的偏最小二乘回归分析［J］.生态学报，2014，34（3）：682－689.

［66］毛汉英，余丹林. 环渤海地区区域承载力研究［J］. 地理学报，2001，56（3）：363 – 371.

［67］聂强. 退耕还林中期阶段的努力分配与补贴方式选择［J］. 西北农林科技大学学报（社会科学版），2008，8（2）：31 – 35.

［68］彭文甫，周介铭，杨存建，等. 基于土地利用变化的四川省生态系统服务价值研究［J］. 长江流域资源与环境，2014，23（7）：1053 – 1062.

［69］秦艳红，康慕谊. 基于机会成本的农户参与生态建设的补偿标准：以吴起县农户参与退耕还林为例［J］. 中国人口·资源与环境，2011，21（12）：65 – 68.

［70］任林静，黎洁. 陕西安康山区退耕户的复耕意愿及影响因素分析［J］. 资源科学，2013，35（12）：2426 – 2433.

［71］陕西省统计局，国家统计局陕西调查总队. 陕西统计年鉴［M］. 北京：中国统计出版社，2001 – 2016.

［72］尚虎平. 政府绩效评估中"结果导向"的操作性偏误与矫治［J］. 政治学研究，2015（3）：91 – 100.

［73］邵传林，何磊. 退耕还林：农户、地方政府与中央政府的博弈关系［J］. 中国人口·资源与环境，2010，20（2）：116 – 121.

［74］邵佳，冷志明. 武陵山片区区域生态安全测度与评价［J］. 经济地理，2016，36（10）：166 – 171.

［75］佘方忠. 退耕还林与可持续发展研究［J］. 林业经济，2000（5）：18 – 28.

［76］孙克竞. 辖区公共支出绩效：结果导向、指标构建与影响因素研究［J］. 经济科学，2017（1）：32 – 47.

［77］孙新章，谢高地. 泾河流域退耕还林（草）综合效益与生态补偿趋向：以宁夏回族自治区固原市原州区为例［J］. 资源科学，2007，29（2）：194 – 200.

［78］孙艳芝，沈镭. 关于我国四大足迹理论研究变化的文献计量分析［J］. 自然资源学报，2016，31（9）：1464 – 1473.

[79] 孙艺杰，任志远，赵胜男．陕西河谷盆地生态系统服务协同与权衡时空差异分析 [J]．地理学报，2017，72（3）：521－532.

[80] 谭德明，何红渠．基于能值生态足迹的中国能源消费可持续性评价 [J]．经济地理，2016，36（8）：177－182.

[81] 谭秋成．丹江口库区化肥施用控制与农田生态补偿标准 [J]．中国人口·资源与环境，2012，22（3）：124－129.

[82] 唐宏，张新焕，杨德刚．农户生态移民意愿及影响因素研究——基于新疆三工河流域的农户调查 [J]．自然资源学报，2011，26（10）：1658－1669.

[83] 唐秀美，郝星耀，潘瑜春，邸允兵．基于生态需求评价的北京市生态区位划分研究 [J]．农业机械学报，2016，47（1）：170－176.

[84] 田玲玲，罗静，董莹．湖北省生态足迹和生态承载力时空动态研究 [J]．长江流域资源与环境，2016，25（2）：316－325.

[85] 王耕，王嘉丽，王彦双．基于能值—生态足迹模型的辽河流域生态安全演变趋势 [J]．地理科学进展，2014，33（2）：122－128.

[86] 王恒博，范娟．农户参与退耕还林工程决策研究 [J]．沈阳农业大学学报（社会科学版），2017，19（6）：646－651.

[87] 王恒博，姚顺波，郭亚军，范娟．基于竞租理论的退耕还林工程最优补助标准研究 [J]．林业经济问题，2016（6）：494－500.

[88] 王恒博，姚顺波，郭亚军．农户参与生态修复工程的驱动机理与动态演化——来自吴起县调查数据 [J]．干旱区资源与环境，2018，32（2）：59－64.

[89] 王恒博，姚顺波，郭亚军，赵敏娟．基于生态足迹—服务价值法的生态承载力时空演化 [J]．长江流域资源与环境，2018，27（10）：2316－2327.

[90] 王慧杰，董战峰，徐袁，葛察忠．构建跨省流域生态补偿机制的探索——以东江流域为例 [J]．环境保护，2015（16）：44－48.

[91] 王磊．不完全产权视角下的退耕还林补偿标准及期限研究 [J]．生态经济，2009（9）：158－162.

[92] 王欧. 建立农业生态补偿机制的探讨 [J]. 农业经济问题, 2005 (6): 22-28.

[93] 王雪梅. 陕西渭北刺槐林分生长收获模型研究 [D]. 杨凌: 西北农林科技大学, 2001.

[94] 王雪青, 陈媛, 刘炳胜. 中国区域房地产经济发展水平空间统计分析——全局 Moran's I、Moran 散点图与 LISA 集聚图的组合研究 [J]. 数理统计与管理, 2014, 33 (1): 59-71.

[95] 王征兵. 蔬菜交易中不在意资金规律研究——以杨凌蔬菜交易市场为例 [J]. 西北农林科技大学学报 (社会科学版), 2014, 14 (2): 48-52.

[96] 魏琪, 侯向阳. 建立中国草原生态补偿长效机制的思考 [J]. 中国农业科学, 2015, 48 (18): 3719-3726.

[97] 翁贞林. 粮食主产区农户稻作经营行为与政策扶持机制研究——基于江西省农户调研 [D]. 武汉: 华中农业大学, 2009.

[98] 吴春玉, 郑彦宁. 以结果为中心的韩国 R&D 评价制度的建立及启示 [J]. 科技管理研究, 2011 (16): 1-5.

[99] 吴建寨, 赵桂慎, 刘俊国, 姜广辉, 彭涛, 刘旭. 生态修复目标导向的河流生态功能分区初探 [J]. 环境科学学报, 2011, 31 (9): 1843-1850.

[100] 吴明红, 严耕. 中国省域生态补偿标准确定方法探析 [J]. 理论探讨, 2013, 171 (2): 105-107.

[101] 吴文洁, 常志风. 油气资源开发生态补偿标准模型研究 [J]. 中国人口·资源与环境, 2011, 21 (5): 26-30.

[102] 向秀容, 潘韬, 吴绍洪. 基于生态足迹的天山北坡经济带生态承载力评价与预测 [J]. 地理研究, 2016, 35 (5): 875-884.

[103] 谢高地, 张彩霞, 张昌顺, 肖玉, 鲁春霞. 中国生态系统服务的价值 [J]. 资源科学, 2015, 37 (9): 1740-1746.

[104] 谢高地, 张彩霞, 张雷明, 陈文辉, 李士美. 基于单位面积价值当量因子的生态系统服务价值化方法改进 [J]. 自然资源学报, 2015, 30

（8）：1243 – 1254.

[105] 谢高地，甄霖，鲁春霞，等. 一个基于专家知识的生态系统服务价值化方法 [J]. 自然资源学报，2008，23（5）：911 – 919.

[106] 熊建新，彭保发，陈端吕，王亚力，张猛. 洞庭湖区生态承载力时空演化特征 [J]. 地理研究，2013，32（11）：2031 – 2040.

[107] 徐晋涛，陶然，徐志刚. 退耕还林：成本有效性、结构调整效应与经济可持续性——基于西部三省农户调查的实证分析 [J]. 经济学（季刊），2004，4（1）：139 – 162.

[108] 徐卫华，杨琰瑛，张路. 区域生态承载力预警评估方法及案例研究 [J]. 地理科学进展，2017，36（3）：306 – 312.

[109] 徐勇，张雪飞，周侃，王传胜，徐小任. 资源环境承载能力预警的超载成因分析方法及应用 [J]. 地理科学进展，2017，36（3）：277 – 285.

[110] 徐中民，程国栋，张志强. 生态足迹方法的理论解析 [J]. 中国人口·资源与环境，2006，16（6）：69 – 78.

[111] 杨灿，朱玉林. 基于能值生态足迹改进模型的湖南省生态赤字研究 [J]. 中国人口·资源与环境，2016，26（7）：37 – 45.

[112] 姚顺波，李桦，刘广全. 吴起县退耕还林政策绩效评估 [M]. 北京：中国商务出版社，2012.

[113] 叶晗. 内蒙古牧区草原生态补偿机制研究 [D]. 北京：中国农业科学院，2014.

[114] 叶欠，陈江龙，肖君，魏文佳. 基于非农化和生态约束的农地整理区位的选择 [J]. 农业工程学报，2011，27（10）：293 – 299.

[115] 于金娜. 黄土高原地区造林补贴标准研究 [D]. 杨凌：西北农林科技大学，2014.

[116] 于金娜，姚顺波. 基于碳汇效益视角的最优退耕还林补贴标准研究 [J]. 中国人口·资源与环境，2012，22（7）：34 – 39.

[117] 喻永红. 基于CVM法的农户保持退耕还林的接受意愿研究——以重庆万州为例 [J]. 干旱区资源与环境，2015，29（4）：65 – 70.

［118］喻永红. 退耕还林可持续性研究——以重庆万州为例［D］. 杭州：浙江大学，2014.

［119］岳福斌. 中国煤炭工业发展报告［M］. 北京：社会科学文献出版社，2011-2016.

［120］张佳琦，段玉山，伍燕南. 基于生态足迹的苏州市可持续发展动态研究［J］. 长江流域资源与环境，2015，24（2）：177-184.

［121］张家其，王佳，吴宜进，等. 恩施地区生态足迹和生态承载力评价［J］. 长江流域资源与环境，2014，23（5）：603-608.

［122］张蕾. 我国西部退耕还林的经济学分析：基于外部性视角［J］. 林业经济，2008（6）：58-62.

［123］张眉，刘伟平. 我国生态公益林补偿标准问题探讨［J］. 世界林业研究，2010，23（3）：69-72.

［124］张秋良. 退耕还林与区域可持续发展的研究［D］. 北京：北京林业大学，2003.

［125］张廷海，王点. 工业集聚、空间溢出效应与地区增长差异——基于空间杜宾模型的实证分析［J］. 经济经纬，2018，35（1）：86-91.

［126］张五常. 佃农理论：应用于亚洲的农业和台湾的土地改革［M］. 北京：商务印书馆，2000.

［127］张郁，苏明涛. 大伙房水库输水工程水源地生态补偿标准与分配研究［J］. 农业技术经济，2012（3）：109-113.

［128］赵德起，吴云勇. 政府视角下农地使用权流转的理论探索与政策选择［J］. 农业经济问题，2011（7）：36-45.

［129］赵树丛. 全面提升生态林业和民生林业发展水平为建设生态文明和美丽中国贡献力量［N］. 中国绿色报，2013-01-10（A01）.

［130］支玲，李怒云，三娟，孔繁斌. 西部退耕还林经济补偿机制研究［J］. 林业科学，2004，40（2）：2-8.

［131］支玲，邵爱英. 退耕还林的实践与思考［J］. 林业经济，2000（3）：42-46.

［132］钟瑜，张盛，毛显强. 退田还湖生态补偿机制研究［J］. 中国人

口·资源与环境，2002，12（4）：46－50.

［133］周涛，王云鹏，龚健周，等. 生态足迹的模型修正与方法改进述评［J］. 生态学报，2015，35（14）：4592－4603.

［134］朱长宁，王树进. 退耕还林对西部地区农户收入的影响分析［J］. 农业技术经济，2014（10）：58－66.

［135］朱新玲，黎鹏. 基于 BP 神经网络的湖北省生态足迹拟合与预测研究［J］. 武汉科技大学学报（社会科学版），2015，17（1）：77－80.

［136］Alixgarcia J，Janvry A D，Sadoulet E，et al. An assessment of Mexico's Payments for Environmental Services Programme［M］. Berlin：Natural Resource Management & Policy，2005.

［137］Allan J A. Fortunately there are substitutes for water otherwise our hydro ~ political futures would be impossible［J］. Priorities for Water Resources Allocation and Management. London：ODA，1993：13－26.

［138］Amacher G，Ollikainen M，Koskela E. Deforestation and land use under insecure property rights［J］. Environment and development economics，2008（5）.

［139］Arthur Allen and Mark Vandever. A Nation Survey of Conservation Reserve Program（CRP）Participants on Environmental Effects，Wildlife Issues，and Vegetation Management on Program Lands［R］. Biological Science Report，2003.

［140］BC Murray，RC Abt. Estimating price compensation requirements for eco-certified forestry［J］. Ecological Economics，2001，36（1）：149－163.

［141］Bishop J. Pro-poor Markets for Environmental Services：A New Source of Finance for Sustainable Development？［R］Presentation made at the World Summit on Sustainable Development，Johannesburg，2002，August 28.

［142］Bryan B，Gao Lei，Ye Yanqiong，et al. China's response to a national land-system sustainability emergency［J］. Nature，2018，559（7713）：193－204.

［143］Castro R，Cordero S. Global Trade for Local Benefit：Financing Energy for all in Costa Rica. In Providing Global Public Goods：Managing Globalization

[J]. I. Kaul; P. Conceicao; K. Le Goulven; R. U. Mendoza. (Eds). New York: Oxford University Press, 2003: 516 – 531.

[144] Castro R F Tattenbach, Olson N, Gamez N. The Costa Rican Experience With Market Instruments to Mitigate Climate Change and Conserve Biodiversity [J]. Environmental Monitoring and Assessment, 2000, 61 (1): 75 – 92.

[145] Clarke A L. Assessing the carrying capacity of the Florida Keys [J]. Population & Environment, 2002, 23 (4): 405 – 418.

[146] Costanza R, d' Arge R, Groot R, et al. The value of the world's ecosystem services and natural capital [J]. Nature, 1997, 387 (1): 3 – 15.

[147] Costanza R, Groot R, Sutton P, et al. Changes in the global value of ecosystem services [J]. Global Environmental Change, 2014 (26): 152 – 158.

[148] Free de Koning, Marcela Aguinaga. Bridging the Gap between Forest Conservation and Poverty Alleviation: the Ecuadorian Socio Bosque Program [J]. Environment Science & Policy, 2011 (14): 531 – 542.

[149] Government Accountability Office. Managing for Results: State Experiences Provide Insights for Federal Management Reforms [EB /OL]. 2009 – 12 – 13. Available at http: //www. gao. gov/.

[150] Graymore M. Journey to Sustainability: Small Regions, Sustainable Carrying Capacity and Sustainability Assessment Methods [D]. Brisbane: Griffith University, 2005.

[151] Gregory Mankiw N. Principles of Economics (7th edition) [M]. New York: Cengage Learning, 2015.

[152] H. El-Osta, M. Ahearn. Estimating the Opportunity Cost of Unpaid Farm Labor for U. S. Farm Operators [M]. Washington DC: Department of Agriculture, 1996.

[153] Heywood V H. Global biodiversity assessment [M]. Cambridge University Press, 1995.

[154] Kalpana Ambastha, Syed Ainul Hussain, Ruchi Badola. Social and economic consideration in conserving wetlands of indo-gangetic plains: A case

study of Kabartal wetland, India [J]. Environmentalist, 2007, 27 (2): 261 – 273.

[155] Karin Johst, Martin Drechsler, Frank Wätzold. An ecological-economic modelling procedure to design compensation payments for the efficient spatio-temporal allocation of species protection measures [J]. Ecological Economics, 2002, 41 (1): 37 – 49.

[156] Koning G H J, Benítez PC, Muñoz F, et al. Modelling the impacts of payments for biodiversity conservation on regional land-use patterns [J]. Landscape and Urban Planning, 2007, 83 (4): 255 – 267.

[157] Landell-Mills N, Porras I. Silver Bullet or Fool's Gold? A Global Review of Markets for Forest Environmental Sevices and Their Impacts on the Poor [M]. Instruments for Sustainable Private Sector Forestry. International Institute for Environment and Development (IIED), 2002.

[158] Malthus T R. Definitions in Political Economy [M]. London, Simpkin and Marshall, 1853.

[159] Millennium Ecosystem Assessment. Ecosystems and human well-being: biodiversity synthesis [R]. Washington DC, World Resources Institute, 2005.

[160] Nelson Erik, Mendoza Guillermo, Regetz James, et al. Modeling multiple ecosystem services, biodiversity conservation, commodity production, and tradeoffs at landscape scales [J]. Frontiers in Ecology and the Environment, 2009, 7 (1): 4 – 11.

[161] Ooba, M, Wang Q, Murakami S, et al. Biogeochemical model (BGC – ES) and its basin – level application for evaluating ecosystem services under forest management practices [J]. Ecological Modelling, 2010, 221 (16): 1979 – 1994.

[162] Pagiola S, Landell-Mills N, Bishop J. Making market-based mechanisms, Work for Forests and People [R], 2002.

[163] Plantinga A J, Alig R, Cheng H T. The Supply of Land for Conservation Uses: Evidence from the Conservation Reserve Program [J]. Resources,

Conservation and Recycling, 2001, 31 (3): 199 – 215.

[164] Rees W E. Ecological footprints and appropriated carrying capacity: What urban economics leaves out [J]. Environment and Urbanization, 1992, 4 (2): 121 – 130.

[165] R Sierra, E Russman. On the efficiency of environmental service payments: A forest conservation assessment in the Osa Peninsula, Costa Pica [J]. Ecological Economics, 2006, 59 (1): 131 – 141.

[166] Stefano Pagiola, Joshua Bishop, Natasha Landell-Mills. Selling forest environmental services [M]. London: Earth scan Publications, 2002.

[167] Sullivan P and Hellerstein D. The Conservation Reserve Program: Economic Implications for Rural America [R]. Washington DC, ERS for Agri Econ, 2004: 834.

[168] Sun J. Research advances and trends in ecosystem services and evaluation in China [J]. Procedia Environmental Sciences, 2011 (10): 1791 – 1796.

[169] UNESCO & FAO. Carrying Capacity Assessment with a Pilot Study of Kenya: a Resource Accounting Methodology for Exploring National Options for Sustainable Development [R]. Rome: Food and Agriculture Organization of the United Nations, 1985.

[170] Wackernagel M, Monfreda C, Schulz N B. Calculating national and global ecological footprint time series: resolving conceptual challenges [J]. Land Use Policy, 2003, 21 (3): 271 – 278.

[171] Wackernagel M, Rees W. Our Ecological Footprint: Reducing Human Impact on the Earth [J]. Population & Environment, 1998, 1 (3): 171 – 174.

[172] Wang Chunmei, Maclaren Virginia. Evaluation of economic and social impacts of the sloping land conversion program: A case study in Dunhua County [J]. Forest Policy and Economics, 2012, 14 (1): 50 – 57.

[173] Westman W E. How Much Are Nature's Services Worth? [J]. Science, 1977, 197 (4307): 960 – 964.

［174］ Wossink A, Swinton S M. Jointness in production and farmers, willing to supply non-marketed ecosystem services ［J］. Ecological Economics, 2007, 64 (2): 297 – 304.

［175］ Zhang B, Li W H, Xie G D. Ecosystem services research in China: Progress and perspective ［J］. Ecological Economics, 2010, 69 (7): 1389 – 1395.